그리움은 내 마음속에 꽃으로 핀다

그리움은 내 마음속에 꽃으로 핀다

지은이 | 이주성
발행인 | 노우혁
펴낸곳 | 앤바이올렛
펴낸이 | 정현덕
홍보팀 | 김지연

초판 인쇄 | 2025년 4월 18일
초판 발행 | 2025년 4월 28일
등 록 | 2021년 9월 29일, 제 2021-30호
주 소 | 02046 서울특별시 중랑구 동일로144가길 25-18(중화동)
전 화 | (편집) 02-491-9596
e-mail | powerbrush88@naver.com
ISBN 979-11-977103-3-9
ⓒ 2025, 이주성

* 책값은 뒤표지에 있습니다.
* 잘못 만들어진 책은 구입하신 서점에서 교환해 드립니다.

가장 아름다운 것은 진실이다. 진실은 맑고 투명하다.
성철 이주성 시인의 시 세계는 자연현상을 통해 자신이 살아온 삶의 투명성을
아름다운 고뇌와 애정이 어린 눈의 따스함으로 표현하였다.

그리움은 내 마음속에 꽃으로 핀다

성철 이주성 지음

& 앤바이올렛

시인의 말 ... 8

제1부 봄, 여름, 가을, 겨울

복수초福壽草 ... 15
계룡산 폭포수 ... 16
대나무竹木 ... 17
비꽃雨花 ... 18
봄이 오네 ... 20
산수유 ... 21
갑사甲寺 오리숲 산책로 ... 22
춘분春分의 봄 ... 24
고매古梅 ... 25
작은 산사의 백목련 ... 26
봄 ... 27
식목일 ... 28
벚꽃 길 ... 30
조팝나무 꽃 ... 31
복사꽃 피는 숲속 ... 32
봄날은 간다 ... 33
꽃 사과 ... 34
꽃잔디 ... 35
봄나물 비빔밥 ... 36
당산나무 ... 38
봄길 따라 ... 40
금낭화 ... 41
새들의 화음 속 산책길 ... 42
장미꽃 ... 44
담장 길 따라 ... 46

청보리 익어가는 고향 ... 48
아카시아 꽃 필 때면 ... 49
장미와 찔레꽃 사이 ... 50
숲 머금은 상쾌한 공기 ... 51
봄이 오는 소리 ... 52
꽃차 한잔 마시며 ... 53
당신과 진한 입맞춤을 한다. ... 53
입춘 ... 54
아네모네꽃 ... 56
술 한 잔 마시며 ... 57
우수雨水 ... 58
비 갠 후의 이른 아침 ... 59
덩치 큰 느티나무 ... 60
숲속의 벤치 ... 62
어느 산사의 장맛비 ... 64
이사 가는 구름 가족 ... 66
순찰 후의 휴식 ... 68
성난 하늘 ... 70
소서小暑 ... 71
차 한 잔의 여유 ... 72
대적전의 배롱나무꽃 ... 74
폭염 속 내리는 비 ... 76
갑사 해바라기 ... 77
낙엽 ... 78
가을 ... 79
황금 들녘 ... 80
아름다운 가을 ... 81
비바람 낙숫물 ... 82

가을이니까 … 83
가을 하늘과 가을 단풍 … 84
단풍길에서 … 85
가을비의 행운 … 86
구절초 향기 … 87
오색 단풍의 우정 … 88
파란 하늘 보며 … 89
낙엽 쓰는 소리 … 90
가을의 소리와 색 … 92
가을의 은행나무 … 93
가을 나무 … 94
사랑의 자선 음악회 … 96
가을이 떠나간다 … 97
계룡산의 눈꽃 … 98
눈이 내리네 … 99
순찰 중巡察 中 … 100
금강의 여명 … 102
송년送年 … 103
겨울 산행 … 104
새해 첫날 … 106
눈 내린 새해 아침 … 107
새해의 기도 … 108
강아지 떡 … 109
눈 내린 소나무 … 110
엄동설한嚴冬雪寒 … 111
황태덕장 … 112
겨울 속 피라칸타 … 113
내 고향 홍시 … 114

겨울의 동료 사랑 … 115
꽁꽁 얼음 … 116
때 이른 개나리꽃 … 117
덕유산의 설경雪景 … 118
고드름 … 119
폭설이 내리는 밤 … 120
눈雪 밭에 누운 나 … 121
정월대보름 … 122

제2부 우리의 만남
숙부님께 … 125
우리 엄마 … 126
3·1절 태극기 게양 … 128
시골 본가本家 우리 집 … 130
추억의 김밥 … 132
어머님에 대한 발원문 1 … 134
어머니에 대한 기도 발원문 2 … 136
우리 아버지 … 138
탑정호 출렁다리 분수 쇼 … 140
아버지의 노인대학 … 142
병원 가는 길 … 144
나의 기도 … 145
손녀는 꽃 … 146
막내의 그리움 1 … 147
막내의 그리움 2 … 148
막내를 그리워하며 … 150
오월의 아픈 이별 … 152
우리의 만남 … 153

입원 … 154
옥수수 … 156
고향 집 … 157
코스모스 … 158
사랑하는 손녀 … 159
아버지와 나들이 … 160
이발소 … 162
지유 발자국 … 164
나의 까치밥 홍시 … 166
어머니와 아버지 … 168
사랑하는 장모님께 … 170
겨울 고향 집 … 171
아버지의 모습 … 172
생태탕 외식 … 173
결혼기념일 … 174
첫눈 … 176
들꽃과 들풀 … 177
계룡 저수지의 물안개 … 178
하얀 민들레 … 180
수수꽃다리 꽃 … 182
황매화 꽃밭에서 … 184
보고 싶은 그대 … 186
늘 푸른 소나무처럼 … 188
웃음꽃 … 189
그리운 것들은 꽃으로 핀다 … 190
그리운 사랑은 마음속에 … 191
석류 … 192
홍시紅柿 … 193

상사화 … 194
가을은 내 사랑 … 196
사랑은 … 197
낙엽의 미소 … 198
시월의 마지막 밤 … 199
꽃지해변 가을꽃 … 200
징검다리 … 201
잠 못 이루는 밤 … 202
겨울과 봄 사이 … 204
애절한 사랑 … 206
다시 사랑할 수 있다면 … 207
종이컵 … 208
보름달 … 209

제3부 함께 가는 길

새로운 아침을 맞이하며 … 213
갑사 종소리 … 214
초로初老의 고교 반창회 … 215
보름달 뜬 갑사甲寺의 대웅전 … 216
금강 변 석장리길 … 218
짜장면의 추억 … 220
원수산元帥山 … 222
안개 낀 계룡산鷄龍山 … 223
풍경소리 … 224
연등燃燈 … 225
행복한 편지 … 226
인생길 … 227
아픔 … 228

오리 가족 나들이 … 230
행복의 의미 … 231
세월의 흐름 속으로 … 232
거울은 먼저 웃지 않는다 … 234
소식 없는 희소식 … 235
마음으로 닦는 길 … 236
담쟁이덩굴 … 237
석양 노을 … 238
부처님 오신 날 … 239
아쉬운 결과 … 240
오늘 하루가 선물 … 241
연꽃 … 242
진실한 마음 … 243
열정 삶의 주름은 아름답다 … 244
함께 가는 길 … 246
좋은 인연 … 247
내일의 미래를 위해 … 248
인생 시계 … 250
촛불처럼 … 251
소중한 인연 소중한 마음 … 252
산사의 목탁木鐸 소리 … 253
빈 놀이터 바라보며 … 254
아름다운 비행飛行 … 256
정치리 내 고향 … 257
고속버스 터미널 … 258
횡단보도 … 259
생명의 힘 … 260
삶이란 … 261

인생의 단짝 … 262
물 … 263
누구일까 … 264
기암절벽奇巖絶壁 … 265
꼭두새벽 … 266
달항아리 … 267
황토 찜질방 … 268
두루마리 화장지 … 269
인생의 목표 … 270

해설
아름다운 고뇌의 영혼과 애정 어린
눈의 따스함 … 271

시인의 말

이 세상에 태어나 책 한 권 쓰고 발간하여 내 이름 석 자 남기는 것이 내 작은 소망이었다.
30년 넘도록 공직(公職)에 있으면서 글을 쓰고 싶은 생각은 있었으나 공직자라는 틀에 얽매여 생각만 하였을 뿐 실행하지 못했었다. 정년퇴직을 하고 몇 년을 생각과 도약(跳躍) 기간으로 삼고 2023년 말부터 천천히 실행하고 싶은 마음이 꿈틀거려 나를 자극했다.

더군다나 가뭄에 단비 내리듯 사막의 오아시스 만나듯 우리나라 수도 서울에 소재하며 전국에 분포되어있는 기라성(綺羅星)같은 회원님들과 해외동포분들도 회원으로 구성된 한국문학생활회 단체에 2024년도 초여름 손유순 사무국장의 도움으로, 회원 가입을 하고 문학박사 최운선 상임회장이 이끌어 가는 이곳 단체에 첫발을 딛고 한배를 타게 되었다.
시를 짓고 수필 쓰고 동화도 동시도 흥얼거려 보

자는 마음이 또 한 번 싹트기 시작했다.

 이 두 분을 만난 것도 큰 인연으로 작용하였고 글쓰기에 박차(拍車)를 가하는 기회의 만남이었다.

 그리고 나에게 2024년도에는 많은 험난한 슬픔이 닥쳐왔다. 1월에는 내 공직 근무 기간 중 나의 길잡이와 멘토 역할은 물론 아버지의 막냇동생이시면서 나에게 한 분밖에 안 계셨던 삼촌이며 부모님 역할을 해 주신 부모님 같으셨던 정 많으신 숙부님께서 노환으로 돌아가시고 3월에는 나를 믿고 의지하셨던 이 세상에 둘도 없는 보고 싶은 어머님을 영원히 이별로 여의었고, 5월에는 우리 육 남매 중 막내이며 가장 건장하고 튼튼했던 내 남동생이 갑작스러운 사고로 우리 남은 5남매와 이별을 하며 하늘에 별이 되었다.

 나는 계속되는 슬픔에 잠겼고 끝내 마음에 아픔을 견디지 못하고 병원 병상 신세를 지게 되었다.

 특히 막내를 잃은 슬픔은 더 크게 내 마음을 아리게 짓눌린 슬픔에 아파져 왔다. 이런 가운데 2024년 9월 추석 명절 지난 1주일 후쯤 당신의 사위 중 내 생각엔 나를 최고로 인정해 주셨고 언제나 환한 미소로 반갑게 맞이해 주시며 나와 외손녀들을 사랑해

주셨던 장모님께서도 내 곁을 떠나시게 되어 너무도 아프고 슬퍼 눈물만이 앞을 가린 시간이었다. 24년도는 참으로 암울한 시간이었고 빨리 지나가길 바랐다. 슬픔을 달래며 마음도 달래고 시와 수필, 동화, 동시, 어록의 글에 조금씩 매진하며 친구 삼으니, 나의 마음과 안정을 서서히 되찾게 되었다.

문학이라는 공간과 의미가 한 사람의 마음을 다시 바로잡을 힘이 있다는 것을 느꼈고 내가 쓴 시와 수필 등이 마음 안정에 큰 도움이 되었다. 나는 가족을 잃은 슬픔을 잊지는 못하겠지만, 추억으로 돌리고 그동안 함께 했던 추억을 기억하며 살고자 노력했다. 그래서 가족을 잃은 내 마음을 글로 남기고도 싶은 마음을 가지고도 있었다.

살다 보니 암울한 일만 오는 게 아니었다.

눈에 넣어도 안 아파할 내 손녀가 살아 있는 인형 앙증맞은 모습으로 이제 두 돌을 지나 뭐라 표현할 수 없이 예쁘게 자라주고 있기 때문이다. 예쁜 내 손녀의 모습도 이 책에 영원히 담고 싶다. 손녀가 자라나 글을 읽을 줄 알고 생각할 수 있을 때 할아버지를 빙그레 웃으며 생각을 해 주겠지, 하는 생각을 하니 내 얼굴에 보조개 미소를 머금게 되니 말이다.

나는 충남 공주시 국립공원 계룡산 서쪽 기슭 산사에서 계룡산의 맑은 공기 마시며 산새 소리 벗 삼아 들으면서 국가유산 문화재 지킴이 활동으로 소일하며 틈틈이 문학을 성찰하며 낭만으로 살고자 노력하고 있다.
　미흡하고 햇병아리의 글솜씨이며 전문가도 아니지만 나는 나름 마음 가는 대로 시를 자작했고 지난 시절 추억을 되살리며 사색(思索)하고 추상(抽象)도 해 보았다. 시 하나하나가 나에게는 소중한 자식 같다. 작가가 이름도 없고 글 소질 없고 미흡하고 재미와 감동이 없더라도 이점 양해를 해주시고 참고하여 읽어주시고 감상을 해 주시면 감사하고 영광으로 여기고 싶다.

　이 책을 발간하기까지 먼저 묵묵히 옆에서 말은 없어도 응원을 해준 인생 반려자인 내 아내에게 감사함을 전한다.
　그리고 내 미흡한 글을 매번 읽어 주면서 용기와 응원을 아끼지 않으시며 문학의 힘을 보태주신 동료 박노성 형님과 그리고 내 시의 자작(自作) 배경이 되어준 봄이면 피어나는 계룡산 황매화꽃 호랑이와 토

끼의 전설 인연에도, 추억을 늘 함께한 고향 죽마고우 초등학교 친구들, 고교 친구들, 사회 친구들과 옛 공주시청 동료들 그리고 일가친척 나를 응원 해주신 지인들 모든 분에게 감사하고 고맙다는 말씀을 드리고 싶다.

끝으로 내 두 딸과 사랑하고 내 아들처럼 듬직한 내 사위에게도 고맙다고 전하며 앞으로 적극 응원해 달라 말하고 싶다. 이 책을 내기까지 도와주신 문학박사 최운선 상임회장, 시인 수필가이며 도예 명장인 손유순 국장과 노우혁 편집주간께도 다시 한번 감사드립니다. 자연의 풍경과 함께하는 이 세상이 아름답고 소중하며 행복하답니다. 감사합니다.

- 2025년 4월 성철 이주성

제1부

봄, 여름, 가을, 겨울

2025

January	February	March	April
Mon Tue Wed Thu Fri Sat Sun	Mon Tue Wed Thu Fri Sat Sun	Mon Tue Wed Thu Fri Sat Sun	Mon Tue Wed Thu Fri Sat Sun
1 2 3 4 5	1 2	1 2	1 2 3 4 5 6
6 7 8 9 10 11 12	3 4 5 6 7 8 9	3 4 5 6 7 8 9	7 8 9 10 11 12 13
13 14 15 16 17 18 19	10 11 12 13 14 15 16	10 11 12 13 14 15 16	14 15 16 17 18 19 20
20 21 22 23 24 25 26	17 18 19 20 21 22 23	17 18 19 20 21 22 23	21 22 23 24 25 26 27
27 28 29 30 31	24 25 26 27 28	24 25 26 27 28 29 30 31	28 29 30

May	June	July	August
Mon Tue Wed Thu Fri Sat Sun	Mon Tue Wed Thu Fri Sat Sun	Mon Tue Wed Thu Fri Sat Sun	Mon Tue Wed Thu Fri Sat Sun
1 2 3 4	1	1 2 3 4 5 6	1 2 3
5 6 7 8 9 10 11	2 3 4 5 6 7 8	7 8 9 10 11 12 13	4 5 6 7 8 9 10
12 13 14 15 16 17 18	9 10 11 12 13 14 15	14 15 16 17 18 19 20	11 12 13 14 15 16 17
19 20 21 22 23 24 25	16 17 18 19 20 21 22	21 22 23 24 25 26 27	18 19 20 21 22 23 24
26 27 28 29 30 31	23 24 25 26 27 28 29 30	28 29 30 31	25 26 27 28 29 30 31

September	October	November	December
Mon Tue Wed Thu Fri Sat Sun	Mon Tue Wed Thu Fri Sat Sun	Mon Tue Wed Thu Fri Sat Sun	Mon Tue Wed Thu Fri Sat Sun
1 2 3 4 5 6 7	1 2 3 4 5	1 2	1 2 3 4 5 6 7
8 9 10 11 12 13 14	6 7 8 9 10 11 12	3 4 5 6 7 8 9	8 9 10 11 12 13 14
15 16 17 18 19 20 21	13 14 15 16 17 18 19	10 11 12 13 14 15 16	15 16 17 18 19 20 21
22 23 24 25 26 27 28	20 21 22 23 24 25 26	17 18 19 20 21 22 23	22 23 24 25 26 27 28
29 30	27 28 29 30 31	24 25 26 27 28 29 30	29 30 31

복수초 福壽草

봄소식 전하려
수년을 잠들고도 기다렸다

눈 속을 뚫고 나와
함초롬히 피어난 서너 송이
봄 처녀 복수초라네

겨울의 끝자락 자투리
추위에 낙엽 이불 덮고
외롭게 피어 있지만

벌 나비 날아오고
봄소식 찾는 이 모여들면

지난겨울 뒤로한 채
봄 냄새 물씬 풍기는
겹겹이 노란색 물들여 단장하니

봄 시샘 풍파에
더욱더 단단해진 그 얼굴
화사한 보조개 미소 띤
봄 처녀 복수초.

계룡산 폭포수

삼불봉 촉촉이 적시는 한 방울 씨앗
땅속 파고드는 물줄기 인생
움트고 점점 자라 긴 세월 친구삼아
한 가닥 두 가닥
하나가 되어 간다.

지난 세월 모았는지
모진 세월 모았는지
내 인생도 함께하니
커다란 하모니로 태어나
한 맺힌 함성 시원하게 내 질러본다.

모질고 추운 인생 모두 실어
대적교大寂橋 대적전大寂殿 지나
넓고 깊은 어머니 품
고향 찾아 고향마을 당도하니
굴뚝에서 고향 내음
폴폴 풍긴 연기가
향수로 피어나며

계룡산 폭포수는 사르르 푸르른
봄바람을 맞이한다.

대나무竹木

추운 겨울 누가
대나무처럼 절개를 지키랴
푸르른 위엄 잃지 않으려
호령하니 대나무
숲은 고요하다

이름 모를 새 한 마리
푸드덕 어딘 선가 날아들어
서정시를 펼치는데

계면쩍은 대나무 이파리
봄소식 가득 담은 봄바람 불어오니

파스스 대끼 놈
소리를 내며 굽었던 허리를
쭈욱 곧게 펼쳐

너랑 나랑 아웅다웅
키 자랑을 다툰다.

비꽃雨花

사흘째
봄비가 내린다.

이제는 지쳤는지
이슬 맺힌 꽃송이다

하얀 방울방울
사뿐히 흩어 내려

아팠던 내 마음
새 생명 되어 씨앗으로 싹튼다

인생의 큰 열매
달아 주려는 듯
꽃비는 새싹처럼 돋아나

소녀 눈가에
살랑살랑 뿌려주니
소녀는 살포시
눈인사로 나를 바라보는데

수줍은 말하려는 듯
꽃망울 비꽃雨花되어
송이송이 맺혀 앵두 빛
그 입술에 흘러내린다.

봄이 오네

한겨울 느슨한 틈
바람 골 타고 봄이 온다.

가슴 부푼 마음에도
상처받은 가슴에도
봄은 소리 없이 다가온다

내 마음
작은 소망所望
새싹으로 돋아나
따스한 사랑되어
점점 커져간다.

산수유

추운 겨울
이겨낸 흔적

거친 나무껍질 옷
훈장처럼 달고

3월의 봄소식 서둘러 전하려고
마른 가지에 꽃으로 피어난
우리 집 마당 끄트머리 한쪽
서너 그루 산수유

성급해 잎도 없이
살랑살랑 꽃망울
노란 꽃잎 터트려

마침내 꽃눈깨비
노랑 스카프를 흩날리며

온 동네 노랑꽃으로
봄 내음
물들여 가니

수줍은 봄 처녀
사랑 찾아
봄 소풍 떠났다네.

갑사甲寺 오리숲 산책로

계룡산 갑사甲寺 일주문 지나
부처님 나라 찾아가는 산책길

모진 세월 지킨
거대한 고목古木

줄지어 사열査閱하듯
나를 보며 다가오는데

나뭇가지마다 서로 손 맞잡아
환영 터널 만들었네.

봄소식 가득 안은
황매화 군락지
축제 준비 움트며

3월의 따스한 햇볕
산책길 사이사이 스며드는데

봄바람 산 타고 내려오니
겨울의 끝자락 털어내듯
나뭇가지 살랑살랑 흔들어 댄다.

대웅전 법당에 삼배로 참회하며
약사전 옆 계곡물에 온갖 시름
모두 씻어낸
내 몸이 깨끗해졌다.

춘분春分의 봄

밝음과 어둠이
반반으로 공평한 날

봄 햇살 속
행복과 미소가

반반이 하나가 되어
하루를 달려간다.

미운 마음 다 버리니
행복과 미소만 남아

봄 향기
가득 실은 봄바람 타고서
또 달려간다.

양지 비탈밭 봄보리 갈며
들나물 캐러
또 달려간다.

고매古梅

굽은 등줄기마다
온 힘 다해 피어난 고매古梅
오랜 세월 강한 생명력으로 살아왔네.

모진 풍파 추운 겨울 다 이겨내고
봄소식 앞장서 가득 안고

내 게로 다가와
봄 내음 향기 살포시 내려놓는다.

봄비 촉촉이 내리는 날
잘 익은 매화주
한잔 벗 삼아

활짝 피어난 매화꽃
향기 맡으며 걷노라니

매화꽃 속에
내 마음 빠져들어
나는
매화 향기로
다시 피어났다.

작은 산사의 백목련

작은 산사 뒷마당
우뚝 서 등 구부러진
목련 한 그루가
내 눈에 들어왔다.

하얀 목련 꽃잎이
바람에 날려 나를 반기는데
이파리 없는 가지마다
옹기종기 수줍어 핀 하얀 꽃잎은
지난밤에 이파리 없어 추웠는지
멍이 들어 떨어져 있다

해님은 따스한 햇볕으로
고귀한 자태를 다시 뽐내게 하니
자투리 꽃샘추위도 샘이 났는지
하얀 꽃잎을 다시 살짝
멍들게 하였다

촉촉이 내리는
봄비에 젖은 목련 꽃잎
송이송이 방울 되어
아낌없이
작은 산사를
새하얗게 물들이고 있다.

봄

봄은
생명이요 희망이며
환희 가득한
나의 마음이다

내 마음의 밭에
씨를 뿌려
푸른 새싹
돋아나게 하고
혜풍惠風 불어오니

내 삶의 뜨락에
우울. 비애. 절망은 가고

나비가 날아들고
새 지저귀고
시냇물 졸졸 흘러
숲속에 꽃을 피운다

봄은 나를 청정한
신선의 모습으로
바꿔 놓았다.

식목일

부지깽이도
땅에 꽂으면
새싹이
돋아난다는 식목일

부지런히
몸을 움직여

마당 한편에
사과나무
한 그루를 심었다

행복과 건강의
나무를 심었다

사과가 꽃이 피고
열매가 열리면

나의 행복과 건강도
함께 열릴 것이다

나는
내 삶의 뜨락에
소중한
내 삶을 심는다.

벚꽃 길

벚꽃 흐드러지게 피어
꽃눈깨비 날리고

벚나무
가지 터널

끝없이 이어져
천국까지 연결된 듯
끝이 보이지 않네.

오늘만큼은
하루의 천국행을
누려보련다.

꽃 내음 향기
맡으며

꽃가루 뿌려진
꽃길을 천천히
거닐다 보면

마음과 영혼의 길이
하나가 된 것 같다.

조팝나무 꽃

양지바른 곳
봄 소풍 군락으로

하얗게 가지마다
알알이 올망졸망

빈틈없이
산형 꽃차례로 피어
바람에 하늘거린다.

너는
숭고한 향기 품고

숙연한
마음 품어

고개 숙여 가지를
한껏 엎드리게 하였구나!

복사꽃 피는 숲속

복사꽃 흐드러지게 피어
바람에 흩날리며

첫사랑 찾아온
흰나비 한 쌍

복사꽃 사이사이
지저귀는 새 한 마리
짝을 찾아 날아든다

이곳이
천국이 인가

가벼운 내 발걸음
한 발짝 또 한 발짝

마법에 걸려
숲속으로 빨려 들어간다.

봄날은 간다

겨우내 기다렸던
따스한 봄이
기다렸던 시간보다
짧게 지나가는 것 같다

활짝 폈던 벚나무 꽃잎
한 잎 두 잎 뚝 뚝 떨어지며
봄날이 흘러간다

마을 어귀
복사나무 꽃잎도
사람들에게
작별 인사를 한다.

봄은
이별의 아쉬움을 고하는데
봄비가
눈물 되어
하염없이 내리며

내 인생의 봄은 어디쯤일까
소망을 걸어 본다

봄을 품 안에 꼭 안고서.

꽃 사과

커다란 능금은 아니지만
애기 사과 꽃 사과
외모는 능금이라네.

연분홍 꽃봉오리 벌어지며
하얀 나비 불러 모으니
사과꽃 향기 주위에 은은하다.

가지마다
하얀 꽃잎 실에 꿰어
촘촘히 매어단 듯

앙증맞은
꽃잎이어라

가을엔
염주 알처럼
송알송알 맺힐

빨간색
애기 능금

가지마다 매달고
빨갛게 쏟아질 것이다

꽃잔디

바닥에 납작 엎드려 있어
내 존재를 몰랐는데

봄이 되니 화려한
핑크빛 꽃잔디 물결

지나는 사람들
내 향기에 취해
발길을 멈춘다.

벌 나비 불러
함께 춤추게 하니
어느새 인파 가득
나의 존재를 알아본다.

낮은 자세로
이 한 몸
희생하면 어떠하리.

봄나물 비빔밥

봄나물 가득한
뚝배기 한 그릇
하얀 쌀밥에
오동통 보리밥
뒤섞어 비벼 먹는
봄나물 비빔밥

삼 년 묵은 된장으로
지글지글 찌개 끓여
국물 한 숟가락에
두 볼이 터지도록
입안 가득한
봄나물 비빔밥

입안에 봄 향기
행복으로 가득한데

어찌하여 봄 한철
기다리지 못하시고
세상을 떠나셨나

육 남매 둘러앉아
봄 향기 가득한
비빔밥 앞에 놓고
옛이야기 소담히 피워내니

울 엄니가
사무치게 그립다.

당산나무

마을 어귀
야트막한 언덕 위에
우뚝 서서
평안과 안녕을
기원하는 당산나무

오랜 세월 지나며
나무 등거리마다
울퉁불퉁
연륜 혹 생겼지만

그 덕에 온 마을 평안하여
지나가는 사람들도
발걸음 잠시 멈추고
고개 숙여 소원 빌고
마음으로 평온 찾는다.

당산나무는
마음의 고향
나의 안식처
커다란 팽나무 가지
펄렁이던 어린 시절
그 시절의 고향이 그립다

추억 속에 살아 있는
내 고향 찾아
여행을 떠난다.

봄길 따라

봄길 따라
봄꽃 소식 걸어온다.

봄길 따라
봄꽃 축제 들려온다.

봄길 따라
사랑도 이별도 오가고

봄길 따라
오는 사람 가는 사람도 있다

봄길 끝에
봄은 또다시 돌아오니

그리운 님
봄길 따라 꽃단장하고
오지 않을까

그리운 님
찾아오는 봄길이 되고 싶다.

금낭화

싱그러운 연녹색
줄기마다 주렁주렁
사랑의 종소리 울려 퍼진다.

어여쁜 새색시 수줍은 듯
꽃주머니 매달고
고운 님 따라나서니

사랑이 점점 익어
연녹색 산하가
선홍색 물이 든다

고운 님
품속에 새 생명
한가득 아름답게
잉태되었다.

새들의 화음 속 산책길

계룡산 서쪽 기슭
숲속 기운 받아
산책하노라니
여기저기 들려오는 새들의 화음

내 귀 호강하고
내 마음 산뜻하니
발걸음도 가벼워
한 걸음 두 걸음 속도가 붙는다.

찌르찌르 또오록 또오록
까아까아 호르르 호르르

새들의 합창 하모니는
이쪽저쪽 산기슭에 울려 퍼지고
또 다른 새들의
하모니가 울려 퍼져 메아리칠 때

가까이 발걸음 옮겨
다가서니
보초병 새 푸드덕 날개 짓하며
새들은 화음 멈추고
숨 고르기를 시작한다.

오월의 햇살이
숲속 나뭇가지 사이로
파고들며 출렁이니
파란 하늘 살며시 열린
내 마음도 맑은 하늘이 된다.

새들의 하모니도 함께 스며들었다.

장미꽃

생 울타리 터널
담장 따라 눈부시게 피어난
사랑과 정열
바람결에 스치운다.

바람 속 앙증맞은
꽃잎 소리
언제 들려오나

귀 기울여 보니
바람에 스치는 푸른 잎
날갯짓만 보이고

이리저리 흔들며
님 찾는 너
향기만 날릴 뿐
말이 없구나.

눈부신 뜨거운 햇살 쏟아져
꽃잎이 흩어지니
빨강 스카프 두른
여인의 자태로 나타난 모습

어느새 텅 빈 내 가슴
달구어 애를 태우고

오월 속 사랑으로
풍겨오는 향기

뜨거운 꽃 입술은
미소이어라.

담장 길 따라

담장 길 따라
수줍어 우아한 자태
백목련 꽃이 피었네

담장 길 따라
샛노란 황매화꽃 피어나고

담장 길 따라
초파일 형형색색 연등 불꽃 피어있네

담장 길 따라
계곡의 우렁찬 폭포수 물안개로
피어오르고

담장 길 따라
가을 햇살 바라보는 해바라기
피고 지는데

담장 길 따라
첫사랑 첫눈 소복이 내려
눈꽃 송이 하얗게 피어나고

내 마음 기도 도량
산사山寺도 담장 길 따라
서서히 나타나며

담장 길 따라
추억이 되어
다정하게 걸어간다.

청보리 익어가는 고향

청보리 물결 출렁이며
하늘 끝 닿는 내 고향

청보리 익으려면
아직도 멀었는데

배고픈 어린아이 매일 같이
보리밭에 살았노라

기다리다 지친
어린아이

엄마에게 청보리 밥해 달라
철없이 칭얼거려 배고픔 달래는데

청보리 익어
고개 숙이면

배고픈 어린 시절
정이 많던 어머니가 살아계셨던
그 시절이 그리워 눈물이 난다

청보리 익어가는 내 고향이기에
청보리 익어가는 내 소중한 고향이기에.

아카시아 꽃 필 때면

아카시아 나무 군락지
꿀밭 이루는
오월이면 꽃향기로
온 동네 휘감는 두메산골
내 고향

아카시아꽃 따먹던 어린 시절
소꿉친구 생각나
뒷산 기슭 쳐다보니
아름다운 세월의 추억
아련하게 떠오르고

시냇물 줄기는
오늘도 추억 속으로 흘러간다.

시냇물 소리에
버들잎 고향 편지
한 장 띄워 소식 보내니

지나온 삶의 푸서리
아카시아꽃 향기 속에
묻어 떠 간다.

장미와 찔레꽃 사이

장미는 장미꽃이고
찔레는 찔레꽃인데

서로가 잘났다고
조금 더 예쁘다고
서로 뽐낸다

불어오는 바람결에
힘을 실어 흔들어대도
똑같이 예쁜 꽃인데
한줄기 조상으로
태어난 사촌인 것을
서로 뽐낸다

오월의 짙은 햇볕
뜨거운 줄 모르고
지금도 예쁨을 뽐내
서로 자랑만 한다

지금은 밤이 되어
둘 다 보이지 않는데.

숲 머금은 상쾌한 공기

상쾌한 공기로
아침을 선물하는 숲속

내 몸과 마음도
상쾌함의 영혼이다

머리부터 발끝까지 느껴지는
숲속의 향연

밤새 내린 이슬은
송알송알 방울이 되어

이파리 끝 매달리다 떨어지니
식물 목 축여주는
작은 세상 맞이한다

아침 햇살도 숲속 사이사이
파고들어
들꽃들 늦잠을 깨우고 나니

아침 바람 살랑 불어와
숲속은 달콤한 아침 공기로
하루를 시작한다.

봄이 오는 소리

봄은
양지 곁 개울가에
얼음 녹아내리는
물방울 소리로 온다

얼었던 얼음 기지개 켜고
봄 내음 넘실넘실
숨을 쉬고 있는데

한 방울 두 방울 녹아 내려
도르르 도르르
졸졸졸 흐르는 시냇물 소리

내 마음도
내 눈길도
흐르는 물길 따라
봄 마중 나가

아지랑이
아른아른 피어나는
봄을 부르며 기다린다.

꽃차 한잔 마시며

따사롭고
나른한 햇살
상그러운 입춘의 내음
혼을 담은 꽃차 한 잔
천천히 음미하며
온몸으로 마신다.

창밖 세상
풋풋한 봄 내음
아지랑이 향기 되어
내 몸에 스며들고

내 영혼도
꽃차 향이 되어
당신과 진한 입맞춤을 한다.

입춘

가슴을 깨우는 소리
소곤소곤 들려와
자세히 들어보니
봄 오는 소리

나뭇가지 타고서
동장군 몰래
봄의 이야기를 들려준다.

양지쪽 햇살의
따스함으로
동장군의 하품 소리
잦아지고

눈 쌓인 곳
군데군데 봄소식 전하는
입 벌린 대지에는
풋풋한 풀 내음이 올라오고

봄기운 몰고 온 그대 마음이
봄 오는 소리를 들려주니

아직 저만치 있는 봄도
마음의 창을 활짝 열고
봄을 그리며 님을 맞이한다.

아네모네꽃

기다림 없는 사랑
없을까마는
눈물 없는 사랑
없다고 하네.

꽁꽁 언 대지를
뚫고 나오는 너의 마음이
아마도 슬픈 사랑의
사연 일지라도

너 보고파 짓무른 눈물
닦고 흘리고 또 흘려도

나는 기다리고 기다려
따스한 봄날 활짝 웃는 너

당신만
보고 싶어라.

술 한 잔 마시며

겨울 삭풍에 얼어붙은 마음
아지랑이 봄볕에 눈 녹는 듯
스르르 다가오는 술 향기 온몸에
스며드니

멀고도 멀어 보였던 그대 마음
향기로운 네 곁에 있으니 멀었던 마음
가까워 더 다정해진다.

향기로움 목 넘김 한잔하니
그 맛은 가뭄에 단비요
산뜻하고 경이롭다.

술 익는 향기 고향의 맛
추억 같거늘 내 어찌 그대 향기
멀리할 수 있겠소

음미하며 사랑하는 것이
죄라 하여도 할 수 없는 일

당신 향기에 취해 꽃 피는 봄
꽃향기 봄 내음 타고 화전놀이
가고 싶은 마음이라오.

우수雨水

닫혔던
내 마음 녹아
세상은
파릇파릇 넘실넘실

눈과 얼음도
녹아내리며

겨울잠에서
깨어나는 소리

닫혔던 내 마음도
우수의 물처럼

흘러내리다
설렘으로
맞이하는
봄

숨겨둔
두 손 내밀어
마주 잡는다.

비 갠 후의 이른 아침

빗방울 송이
나뭇가지 올망졸망
매달리고

빗님이 밤새 닦아낸
맑고 파란 하늘

청아한 햇살
내 삶의 뜨락에 걸려

마음 설렘 한가득
새 세상을 맞이한다.

나는
행복감에 뿌듯한

한 마리 새가 되어
온 동네 산하를

서너 바퀴
산책하고 돌아온다.

덩치 큰 느티나무

땅속에 뿌리를 깊이 뻗으려고
큰 가지 덩치를 키웠는가 보다

따가운 햇볕 막아 한여름 삼복더위
시원한 그늘 만들려고 그렇게
덩치를 키웠나 보다

마을 어귀 언덕 위
쉼터에 자라 잡고 태어나
오고 가는 긴긴 세월
다 알고 지냈겠지

이웃 동네 누구
아랫동네 그 누가
어떻게 살아왔고
살아왔는가를

너처럼 키 크고
가슴 넓은 인물 되고
너처럼 사람 사는 세상
쉼터 되어 청량한
그늘막 되어

한평생
너처럼 큰 덩치로
오래오래
살아가고 싶다.

가지마다
연둣빛 신록이
햇살에 비쳐
끝없이 반짝인다.

숲속의 벤치

계룡산 갑사甲寺 대적전大寂殿 옆
커다란 피나무 아래
새로 설치한 긴 의자는
내 사색의 쉼터
아직은 이른 아침
숲속 공기가 차갑다.

이름 모를
또 다른 나무들
사이사이
찬란한 햇빛이 쏟아져
나뭇가지 빈틈 사이
땅속으로 파고드는데

벤치에 앉아
나뭇잎 사이로 파고드는
유월 초 이른 아침
싱그러움을 만끽하니
내 마음 설레어 콩닥인다.

옆 계곡물
흐르는 소리 뒤로한
피나무 아래 벤치에 앉아
친구가 된 나무들
그 몸짓에 반해
내 마음 점점
숲속으로 빨려 들어만 간다.

어느 산사의 장맛비

칠월 한여름
장맛비가 세차게 내리고
작은 방 의자에 앉아
창밖을 쳐다본다.

오래된 벚나무 연륜 넘치고
오랜 세월을 간직한
터줏대감 살구나무 가지들이
세찬 비바람 맞고 살아오는 것이
한두 번 아니라고
이리저리 흔들며 나를 보는 듯하다.

산사山寺의 전각들 지붕마다
기다란 처마 끝엔 빗줄기가 일렬로
한겨울 고드름처럼 매달려
떨어지는 듯하며

우렁찬 천둥소리
우르릉 쾅 번쩍하니
내 가슴 철렁이며
잘못한 것 없나
생각에 잠긴다

용오름처럼 울부짖는 천둥소리
세찬 비바람은 한 맺힌 응어리를 풀듯하고
천둥소리 점점 커져
내 가슴 두근거려
나도 모르게 대웅전 향해 합장하는데

세찬 비바람과 천둥번개는
자연의 소리보다 번뇌 해탈과
속죄의 소리인가 보다
그래서 죄짓고는 못 산다고 하나보다

그렇게
칠월 장맛비는 계속되었다.

이사 가는 구름 가족

바람이 부는 이른 아침
장맛비 잠시 숨 고르기 하고

장마 구름 흩어져 뭉게구름 태어나
가족 단위 소풍 가듯 이사를 한다.

엄마 구름 아빠 구름
뒤따르는 애기 구름 들
줄을 지어 이사 가는 구름 가족

어디선가
방해하려 바람 불어 나타나니

아빠 구름 힘을 내어 몸을 키우고
애기 구름 목말 태워 앞서 나가고
엄마 구름 두 팔 벌려 막내 구름 껴안고서
아빠 구름 뒤를 따른다.

장마 구름
힘이 없어 생을 마감하니
뭉게구름 어깨너머 해님 빵긋 웃고 나타나

이사 가는 구름 가족 어두울까
환하게 희망과 소원의 빛 밝혀준다

구름 가족
손에 손잡고 좋은 장소 찾아
소풍 가듯 이사를 간다.

순찰 후의 휴식

소중한 국가 문화유산 갑사(甲寺)
문화재 순찰 이상 유무 마지막 전각
확인을 마치고 아름드리 피나무 그늘 아래
긴 나무의자 사색(思索)의 쉼터에 앉아보니

산골짝 타고 내려오며 살랑이는 한여름
시원한 바람결에 땀방울 시원스레 닦아
내린다.

옆 개울 연못으로 합쳐지기 직전
여러 갈래 장맛비 멈춘 후의 계곡 물소리
우렁차고 시원하다 못해 더위 시키며
흐르고 있다.

주위를 둘러싼 울창한 숲속
매미 울음소리는 귓전에 메아리
심금을 울려주니 신선이 따로 없네.

계룡산 동쪽 기슭엔 어느 지인의
맨발 산행 투어 신선놀음 시원하다지만,

서쪽 기슭 이곳 피나무 그늘
가장 편한 마음 편한 자세로 앉아
시원한 바람 온몸으로 맞이하며

저~ 하늘 높은 곳 뭉게구름 손짓하니
여기 또한 무릉도원 신선놀음 아닐까.

성난 하늘

한여름
장맛비 내리는 날

무섭게도 세찬 비바람 몰아치고
장대비 끊임없이 내리는데

폭우 속 자연의 힘이
나약한 인간 세상 정신 차리게 한다.

하늘이 성난 듯
정신 차리라는 듯

하염없이 성난 하늘의 눈물이
인간 세상에 거침없이 흘러내려
무언가 말하려는 듯하다.

너와 나
정신 차리자
환경을 사랑하고 자연의
진리를 찾아 떠나자

이제는 성난 하늘이
용서하고 평정심을
찾았으면 좋겠다.

소서小暑

대서보다
더 덥다는 소서小暑
얼마나 더울까
잔뜩 긴장하고 준비했는데

대서大暑 더위 가져오려나
흐리고 바람이 분다.

창밖에는 매미 소리 합창
소서의 더위가
매미 소리
바람 소리에 실려
허공으로 퍼져나가
더위를 씻어주니

내 마음도 가벼워
함께 흥얼거려지고

저 매미
울음소리처럼

평화롭게 내 마음도 함께
허공으로 퍼져
흩어진다.

차 한 잔의 여유

비가 오는 오후 코끝을
자극하는 커피와 녹차 향기
모락모락 피어난다.

모든 짐을 내려놓고
차 한 잔 마시고 싶다.

빗줄기
점점 더 거세지지만
차 한 잔의 여유로
모든 것을 내려놓고

빗줄기 떨어지는
창밖을 바라보며
그간의 시름을 차 한 모금에
녹여 마셔버리니

내 몸 안팎에
평온함이 맴돌아 스르르
잠이 올 것만 같다

가끔은 차 한 잔의 여유로
멍때리고 싶은 시간을
가지고 싶다.

내 영혼의 자유를 위해.

대적전의 배롱나무꽃

돌담 모퉁이 돌아 천년 사찰
계룡산 갑사 대적전大寂殿 처마 끝에
닿을 듯 말 듯 가지 흔들며

지난 세월 지켜오며 뜨거운 한여름
진분홍색 꽃을 해마다 피워온
커다란 목백일홍 나무 한 그루가
찾는 이를 반긴다.

우아하고 늘씬한 자태 하늘 향해
사방으로 양팔 벌려 우뚝 서 있다.
매끈한 맨살로
겨울철 몰아치는 삭풍을 이겨 내더니

매끈한 맨살로
한여름 더위도 시원히 잘도 버틴다.

소낙비 세차게 내릴 때면
새빨간 진분홍색 빗물 땅바닥에
흩뿌려 나려
나의 영혼
다녀간 흔적
여기 발자취 남기네.

대적전 배롱나무꽃은 분홍빛으로
깊어가는 여름을 물들여간다.

폭염 속 내리는 비

단비 내려
걱정 근심
씻어 버리고

단비 내려
푹푹 찌는
불볕더위 잠재우고
달구어진 삼라만상
시원스레 식혀준다.

비 내리는 양만큼
모두가 행복한 마음
기지개를 펼쳐내니

불볕더위에
내리는 비가
온 세상에 사정없이
이리저리 마구 뿌려

노동에 지친
답답한 가슴
달래어 주려는지
눈물 비 되어
시원하게 내린다.

갑사 해바라기

해바라기 목 길게 핀
담장 울타리 되어

산사山寺의 아름다움
뽐내 웃음 지으며

나를 보러오라
흔들 건들

아! 풍경소리 은율 퍼져
출렁이는 저 높은 하늘에
가을바람 어서 오라

해바라기 함박웃음
크게 웃어본다.

낙엽

고귀한 생명 끝자락
막바지 젖 먹던 힘까지 매달려

세월에 장사 없어
자연 이치 어길 길 없어
떨어지지만

울긋불긋 단풍으로 태어나
세상에 눈길 끌어
많은 인파 모여드니
내 인생 헛살지 않았네

안도의 마음
이제는 떠나야지
바람에 실려

익어가는 내 인생도
세월의 바람 따라
낙엽처럼 나부낀다.

가을

풀벌레 귀뚜라미
또록또록 귀뚤귀뚤
우는 것이 가을이더냐

엄마 단풍 애기 단풍
붉게 물든 치마 입는 것이
가을이더냐

세월 따라
바람 타고 낙엽 지며
사각사각 바스락 울림소리
가을이더냐

가을은
그리움 가슴앓이
임 그리워

애간장 붉게
활활 타들어 간다.

황금 들녘

지평선 맞닿은 저 멀리
황금물결 일렁이며
내게로 다가온다.

실하게 고개 숙인 오곡백과
하루 멀다 점점 무거워져

허수아비 바쁜 나날
정신없이 보내게 하고

바람결에 오곡백과
익은 향기는 파도가 된다

농부의 가슴속에 함박웃음
꽃으로 피어 출렁이는
황금 들녘.

아름다운 가을

때 묻지 않은 파란 하늘
허공에 내 마음을 던져 본다.

맑고 고운 소리
산새와 화음 맞춰 노래를 하고

활짝 핀 고향길 코스모스
손짓하며 사랑을 속삭이니

가을이 다가와 나를
구월의 가을로 만든다.

불볕더위 끝에 찾아온
가을 속에 빠져들어
아름다운 가을의 집을 짓는데

추억의 가을 여행
떠나기 전에
가을이란 시詩의 집을 짓는다.

비바람 낙숫물

9월 중순 무더위
이상기온 끝에 비가 내려
이제는 가을로
뒤돌아 오는가 싶다.

나뭇가지
흔들거림은
내 마음 아는 듯
이리저리 바람결 타고

낙숫물은 기와지붕 골 타고
겨울 양지쪽 고드름
떨어지듯 떨어져
지면을 사정없이 때리며
왕관 모양 물방울을 만든다.

처마 밑 디딤돌에
걸터앉은 나
시름에 잠기니
비바람에 퍼지는
물방울도 내 몸을 때리며
한마디 한다

지긋지긋한 늦더위
잘 이겨냈다고.

가을이니까

파란 풋사과 빨갛게
능금으로 익어간다

아침저녁으로
신선한 공기 불어오고

황금 들녘 허수아비
참새 쫓느라 쉴 틈이 없다

수확의 기쁨
웃음 속 행복으로
가을이 깊어가는데

이제는 가을
단풍잎 사랑도
손으로 느끼고 있다.

가을 하늘과 가을 단풍

가을과 단풍은
어떤 사이일까

단풍과 가을은
서로 사랑할까

가을 하늘과
가을 단풍은

가을에 태어난
한 쌍의 부부

가을이란 세상에서
사랑으로 살아간다.

단풍길에서

고운 님
오색 빛으로 내려와
나를 반긴다

사뿐사뿐
가벼운 발걸음
멈추게 하고

층층이 가을빛으로
마음대로 물들게 하다

가을이란 수채화를
그려놓고
나를 잡는다.

가을비의 행운

늦더위
이글거리는 태양도
가을 빗속에 삼켜져

새로운 세상의
거리로 바꾸어 준다.

응어리진 내 마음
가을비에 씻겨
흘러내리고

영롱한
빗방울이
행운처럼 스며들어

내 가슴속
한가득 채운다.

구절초 향기

구절산자락
굽이굽이 모퉁이마다

새하얗게 핀 구절초
향기가 가득
내 눈앞에 펼쳐진다.

수줍어 바위틈에 숨어 핀
그대는 부끄러운 듯
살포시 얼굴 내밀어

산 아래 걸어오는
내 발걸음 소리
너무 반가워

바람결에 손 흔들며
구절초 향기 피워
구절산 자락을 뒤덮는다

구절초 향기 속에
나는 가을 속을
걸어간다.

오색 단풍의 우정

세상사 고난에 물든
아픈 마음을

오색 단풍 물결 속에
멋쩍어 슬그머니
내려놓으니

오색 단풍
아픈 마음 미리 알고
오색 단풍으로 물들여
감추어준다

붉게 타는
물결에 묻힌 나는
온몸이 오색 단풍으로 물들어

단풍과 하나가 된 내 마음
고운 빛깔로 내려앉았다.

파란 하늘 보며

무언가 내려올 것만 같아
팔베개하고 하늘 보며 누워보니

빨려 들어갈 것 같은 신비함은
높고 넓은 마음

이제사 우주 인생
알 것 같으나 알지 못하고

떠나는 구름이 지나온 세월만
내 마음속에 흐른다.

신비한 세상
신비한 나의 마음은

넓은 초원 위 한 마리 양이 되어
푸른 하늘 넓은 초원에서
풀을 뜯는다.

낙엽 쓰는 소리

동트는 산사山寺
낙엽 쌓인 마당 한 켠
노승이 낙엽 쓸어내는
소리가 사각사각

아침 단잠을 깨웠다.

어느새 나뭇잎이 낙엽 되어
바람에 나부끼다
이리저리 뒹구니

내 마음도 낙엽처럼
바람에 이리저리
나부낀다.

내 인생도 절정에 이르면
낙엽 되어 가볍게
바람 따라 흘러가리

노승의 빗자루 끝에
낙엽들이 모두 모여들어
저마다 지나온 옛이야기
함께 섞으니

오색에 물든
낙엽 진 화음은
쓸쓸함만 더한다.

가을의 소리와 색

바스락바스락
낙엽 밟는 소리
우두둑우두둑
나뭇잎 떨어지는 소리

무지개색 단풍잎
바람에 날려
날아다니다 나를 보라
자랑하듯 나풀거린다

오방색 나뭇잎 떨어지니
사랑 가득 담긴
시선들이 모여든다

모여든 사람들은
감탄사를 연발한다
모두가 시인이 되었다

가을의 소리와 색도
한 편의 시가 되었다.

가을의 은행나무

덩치도 크고
나이도 많은데
옷은 어린이가 입는
노란색을 입었네

세월의 연륜과 모진 풍파
다 견디고 우뚝 섰으니
할 말도 많겠지

살아온 긴긴 세월
이야기 듣고 싶어
은행잎 주워
책갈피에 끼웠더니

한 권의 노란색 책이 되어
옛이야기 들려주네

한장 두장 책장 넘기며
이야기 속으로 빠져들어

어느새
노란 은행잎 가로수길을
님과 함께 거닐고 있었네

그러다 노란색 무지개를 보았네.

가을 나무

푸르름 머금고
사랑과 희망의 마음으로
따스한 봄부터 여름 지나
가을까지 달려왔다.

가장 신비롭고 성숙함 다하는
가을의 아름다움을 간직한 오후

이제는 내려놓아야 할 때임을
살아온 경험의 순리로 알고
미련 없이 모든 것을 내려놓듯
화려한 옷을 벗었다

겨울잠을 자기 위해
또 다른 새 생명을 돋아야 하기에
가을 나무는 옷을 벗는다.

연둣빛 새 생명
돋아나는 새로운 봄
새로운 세상
웃음 짓는 나들이 위해
그렇게
가을 나무는 그 곱디 고왔던
비단옷 다홍치마를 벗어 던졌다.

우리의 인생도 이와 같거늘
미련 없이 훌훌 벗어 던져
또 다른 새로운 인생을
맞이하면 얼마나 좋을까

세월과 마주하며
술 한잔을 나누고 있다.

사랑의 자선 음악회

색소폰 소리 은은하게
울려 퍼지는 계룡산 서쪽 기슭
정다운 터 불교용품점 앞
난치병 어린이 돕기 자선 음악회가
지나가는 사람들 가슴을 울린다.

계룡산 자락 메아리로 부딪혀
옥구슬 소리되어 돌아와 앉은
감로수 같은 색소폰 소리
사람들 발길을 붙잡아 앉혀놓고
미소로 가득한 가을 하늘에
사랑의 소리로 수를 놓는다

단풍놀이 오가는 사람들
가슴 속을 파고드는 따스한
시간이 흐르고 있다.

가을이 떠나간다

담장 너머 가을 햇살
그림자가 길게 늘어진 오후

고왔던 단풍들이
하나둘 떨어져
추운 겨울에
이불 되어 쌓여만 간다

몸집 줄인 앙상한
나뭇가지들도 늘어만 간다.

낙엽 스치는 소리에
잊고 살았던 그리운 벗들이
문득 생각나
아련한 옛 추억을
떠올려 본다

그러나 그것도 잠시
지금은 잊고 살았던
친구들을 가을과 함께
가슴으로 보내고 있다.

계룡산의 눈꽃

계룡산 자락에
막바지 겨울 잡아 놓을 듯

하얀 함박눈이 삼불봉 산허리
산자락 하늘 아래 물결치듯 나타나

소리 없이 내려 쌓여
팔 벌린 나뭇가지마다
하얀 눈꽃 송이 피운 아침

온 세상
하얗게 새 생명을 싹 틔운
눈꽃으로 나를 유혹한다

나는 보조개로 미소 지으며
나뭇가지 살랑살랑 흔들어 대며
파도치듯 다가오는
자욱한 눈꽃 안개

온몸으로
맞이한다.

눈이 내리네

늦가을 몰아내듯
겨울바람이 하얀 눈송이를
온 동네 흩뿌린다.

겨울을 부르며
가을의 흔적을 지워가듯
하얀 눈송이가
여기저기 파고드니

가을은
헤어짐의 포옹도 못 한 채
짐도 못다 챙긴 채
담장 넘어 꽁지 빼고 달아난다.

겨울은 승리감에
함박눈 되어
하얀 눈꽃 송이로
온 동네 이불을 덮어
아기 잠재우듯
새근새근 잠을 재우니

평화로운 세상
너무 아름답다.

순찰 중 巡察 中

작은 산사 목탁 소리
부엉새도 잠이든 깊은 밤
소중한 국가유산 순찰한다.

동지섣달 삭풍朔風에 흔들리는
앙상한 나뭇가지 끝엔

동풍凍風에 스쳐
매달린 고드름
꽁꽁 울어댄다

고추바람이 내 몸을 맴돌다
내 가슴 속 파고들어
얄밉게 자리 잡길래

매서운 고추바람 녹이는
순찰은 누가 해야 하는지
투덜대며 문 닫고 들어왔다

눈치 없이 문풍지 사이로
얼굴 디밀며 따라 들어온
삭풍에게 한마디 한다

따스한 연둣빛
봄 새싹 머지않아
준비하고 있으니
너무 설치지 말라고

얌전히 기다리고 있으라고
지금은 순찰 중이라고…

금강의 여명

동지섣달
꽃 피었나

밤새 고단한 안개등
꺼져가는 이른 아침

상큼한 희망의
여명黎明이 싹트고

비단강 금빛
아침노을

물비늘에 비쳐
어둠 거치니
새 생명이 찾아왔다.

유구한 역사
간직한 채 흐르는
공주公州 비단 강

오늘도 말없이
백제의 왕도 꿈을 꾸며

금강물 흐르는
옛이야기가 들려온다.

송년送年

세월이 가고
또 오듯이

한 해가 가고
또 한해가 오니

가는 세월
원망하지 말고

밝아오는 새해
반갑게 맞이하여

나의 시간
나의 세월로
함께 살아가리라.

겨울 산행

삶에 지친 마음
달래려고
겨울 산에 올랐는데

산천초목이 모두
옷 훌훌 벗어
내려놓았다

산행하며 응어리진 마음의 짐
나도 숨을 크게 내쉬어
차가운 공기 속에 날려버리고 싶다

옷 훌훌 벗고
벌거숭이 되어
모든 것
다 내려놓고 싶다

새로운 마음이
따스한 입김 되듯
다시 태어나고 싶다

따스한 봄날
아지랑이 피어오르듯
다시 태어나고 싶다

겨울 산행이
속살 예쁜 시간이듯
다시 돌아오는
봄이 되고 싶다.

새해 첫날

묵은때 벗겨
새로운 새살 돋아나

새 생명 새 기운 받아
새로운 삶 시작하였네

희망, 사랑, 꿈
새해 첫날 새 그릇에 담아

새로운 맛
새롭게 상을 차려
건강한 삶을 살아가는
너를 사랑한다

새해 첫날 너를 보면서
나를 바라본다.

눈 내린 새해 아침

온 세상 하얀 눈이
소리 없이 찾아와

지난 추억 하얗게
모두 덮어 버렸네

소녀의 사랑 이야기
다시 그리고 싶어
하얀 도화지 꺼낸 새해 아침

펼쳐진 도화지 위에
소녀의 사랑 이야기를
마음껏 그리고 있다.

하얀 눈 하얀 도화지는
내 사랑 편지지

내 마음 들키지 않고
하얗게 그릴 수 있는
가슴속의 도화지

수채화로 그렸다.

새해의 기도

새해 아침
건강 기도합니다

새해 아침
행복 소망합니다

새해 아침
사랑 희망합니다

내심 깊은 기도
감사드립니다

건강 행복 사랑
함께하는 새해 주소서

모두에게 따스한
사람 되겠습니다.

강아지 떡

교동도橋桐島 들녘 풍요로움
임금님 진상품 교동 쌀

일제 강점기 수탈 막기 위해
교동도 강이지떡 태어났다.

지금은 북녘땅
최전방 되었지만

추운 겨울 강이지 떡
한입 베어 먹어보니

대룡시장 사람들의 인심이
고스란히 담겨 있네

언제나 가슴이 따뜻한
강화의 교동도에 훈풍 불어
추운 겨울 녹아낸다.

눈 내린 소나무

매화 꽃송이처럼
하얀 눈이 모진 삭풍에
휘날리며 나리네

솔잎에 스치는
바람 소리가
유난히도 요란한데

어이해
적막감이 맴도는가

눈 내린 소나무
가지위엔
내 마음도 함께 앉아

바람결에
날아갈까
애를 태우는데

매화 꽃송이 하얀 눈
다시 덮어주니
훈훈한 봄이
머지않았나 보다.

엄동설한 嚴冬雪寒

꽁꽁 언 산하
동장군 내려와

온갖 난로 다 동원하여
한파 추위 물리치려
애를 써 봐도

마음속에 언 추위
물리칠 수 없네

그러나
따스한 말 한마디로
보듬어 안아주니

엄동설한 한파
고개 숙여 물러간다.

황태덕장

기다림이
한파에 발이 묶여
반복되는 일교차에
녹았다 얼었다 한다

대관령 구릉지 덕장 소리가
눈보라 타고
흩어 퍼져간다.

추우면 추울수록
실하게 나타나는 황태 모습
익어가는 황태덕장의 바삭함은

기다림과 인고의
시간

농부의 웃음으로
승화된 황태덕장이

노르스레 금빛으로
활짝 피어났다.

겨울 속 피라칸타

작은 장미꽃인 듯
흰색의 소박한 꿈
꽃 피우더니

작고 둥근 빨간 구슬
결실을 맺었다.

세월의 흐름에 어쩔 수 없어
겨울 솜이불 덮고서

봄을 기다리는
꿈 많던 소녀
숨을 죽인다.

하얀 솜사탕
봄을 기다리듯

추위에 달궈진
빨간 얼굴

살포시 내밀어
세상 밖을 바라보고 있는
어느 소녀가.

내 고향 홍시

눈감고 고향을 그려보니
앞마당 커다란 감나무에
주렁주렁 매달린 하얀 눈 맞은
홍시가 생각난다.

자식들 생각에 차마 따지 못하고
까치밥으로 남긴 어무이의 마음이
담긴 감나무 한 그루가 생각난다.

한겨울 감나무엔 어무이의
뜨거운 사랑이 빨갛게 달려있는데

나는 눈 내리는 하늘만
하염없이 바라보며 어무이의
그리움에 잠겨 스르르 잠이 든다.

겨울의 동료 사랑

추운 겨울 산사山寺의 아침
눈雪 치우는 소리 들리더니

한참 후
창문을 두드린다.

계세요?

아이 추워!
너무 춥다!
거사居士 임들의 목소리다.

어서 들어오세요!
차 한잔하시지요?

아랫목 내주며
동료 사랑 싹이 트고

엄동설한 추위
한 모금의 찻잔 속에 녹여
목 넘김 하니 온몸으로
동료 사랑 웃음으로 하나 된다.

꽁꽁 얼음

동장군冬將軍이
쳐들어와

흐르는 시냇물을
꽁꽁 얼려 모든 것을
멈추게 하였다

동장군이 무서웠는지
삼 일 후엔 풀린다 하며
위로慰勞하는데 삼한사온三寒四溫
염려한 동장군이

꽁꽁 언
얼음 위를 지나다가
꽁꽁 언
추위를 살펴보다

동장군도
얼음 위에서
기약 없는 잠이 들었다.

때 이른 개나리꽃

정월달에
일찍 피어

힘난한 엄동설한
어찌하려고

아직도
머 언 봄이건만

무슨 사연 있는지
봄소식 전하려 하네

일찍 피어난 개나리꽃
노란 얼굴 더욱 샛노래져

봄이 오고 있다고
숨은 사연 알리려 하네.

덕유산의 설경雪景

세상에 물들지 않은
순백의 옷을 입고 나타나

내 마음 마구 흔들어
황홀함을 선사하니

할 말을 잊게 하며
이상향理想鄉의 세계로 빠져들었다

신비함이 뜨겁게 밀려오는
너를 쳐다보다

신비한 너의 모습에 취한
내 영혼도 허공에 올라

뜨거운 온기로
품어주니

순수한 하얀 사랑으로 싹이 튼
너와 나는 한 몸이 되었다.

고드름

추억의 고드름 따다
입에 물어보니

이가 시려 한 쪽 눈
감았던 마음
되살아나고

어릴 적 꿈 많던
신비함은 마법 같아
술술 녹아내린다.

수정처럼 맑은 물
한 방울씩 흘러내려

그때 그 추억
고드름 타고 내려오니

행복이 물에 녹아
흘러간다.

폭설이 내리는 밤

대설경보 발령되고
하늘을 가릴 듯이 내리는 하얀 눈
처마 끝 매달린 가로등 불빛도
새하얗게 변한다.

끝없이 쏟아져 내리는 함박눈
하얀 마음 가지고 와서는
점점 내 몸에 이불을
덮어 주고 또 덮어 주는 듯
이불 무거워 아침 출근길
걱정이 된다.

이른 아침 하늘을 보니
그칠 기미는 온데간데없고
눈 치우는 죽가래 소리만
요란하다 점점 지쳐
작아진다.

폭설 내리는 자연 앞에
나는 한없이 작아진다.

눈雪 밭에 누운 나

아무도 찾지 않는
눈 내린 설 밭에
삭풍에 시달렸던
연세 지긋한 고목의
나뭇가지 사이로
찬란하게 따스한
햇볕이 내리쬔다

하얗고 고운 雪 설 밭은
눈부신 영롱한 빛으로
가던 발걸음을 멈추게 하고

어릴 적 생각나
눈밭에 큰대자로 누워
파란 하늘 보며
엑스레이 사진을 찍었다

내 몸 던져
내 몸 심어놓았으니
성큼 다가온 아지랑이
봄이 오면 싹이 트겠지

개구쟁이 동심으로 돌아가
다시 태어나고 싶었다.

정월대보름

세시 풍습 으뜸이요
풍년 빌며 소원 빌고
정월 대보름달
임을 보듯 바라본다.

부럼 깨고 더위 팔고
귀밝이술 한잔하니
빙그레 웃는 보름달은
알았다고 환한 미소 지어
동그랗게 머금는다.

마을의 단합을 위해
다리밟기 고싸움에 줄다리기
흥겨워라 쥐불놀이 밝은 빛은
하늘에 닿아 평안을 지켜주니

정월 대보름 달빛
밤새도록 나와 동무 되어
불 밝히며 소원 빈다.

제2부

우리의 만남

숙부님께

우리 집 가문 할아버지 막둥이로
태어나시어 한평생 가문의 기둥 역할
무거운 짐 고단하셨네.
조카들의 사랑 맨
길잡이 이정표로 사시다
당신의 혼과 넋은
하늘의 별이 되고
우리들 가슴속에
영원한 큰 별 되셨으니
이제는 후회 없이 맘 놓고
편히 잠드소서

사랑합니다.
사랑합니다.

영원히
영원히
숭고한 당신 마음
간직하며
잊지 않으렵니다.

우리 엄마

어느 세상 어느 나라
어느 고을에서 태어나
천륜과 사랑으로 우리 엄마 되시어

베넷 아기 울음 아장아장
걸음마 걷게 하고

조잘조잘 청아清雅 웃음
듬직한 청년으로 나를
키워 주셨네

좋은 짝 만나 가정 이루도록
우리 엄마 두 손으로 정성 다해
소원을 이루었는데
엄마 마음 아는 자식 얼마나 있을까
자연 이치 당연지사當然之事로
알고 지낸 세월

괜찮다고
손사래 치며 웃으시는 우리 엄마
우리 곁을 떠나시려
저쪽 세상 준비하시니
애달프고 애달프다

나 또한
부모 되는데
우리 엄마 지극정성 섬김으로
떠나신 후 후회 말자

그립고 그리움에
불러 보고 싶은
우리 엄마!
우리 엄마!

3·1절 태극기 게양

올해도 어김없이
맞이한 3·1절
시골 본가에도
지금 사는 아파트에도
사랑스런 재롱 넘치는
손녀 지유네 집에도
태극기를 펼쳐 드니
이제 막 돌 지난 손녀
두 돌은 아직 멀었는데
손뼉 치며 좋아라 한다.

태극기 게양하여
바람에 펄럭이니
선열들의 숭고한 뜻
자라면서 잘 알았으면 하고
마음으로만 소망할 뿐

초롱초롱한 내 손녀
사랑스럽다
무엇을 느꼈을까
궁금하다

눈망울에 보여 진 것은
무엇이었을까
태극기 휘날리는
광명이 불어오는데.

시골 본가本家 우리 집

육 남매 나고 자란 집
부모님 연로하고
병마와 싸우신다
애달프고 슬프도다

육 남매 뿔뿔이 흩어져
전국에 흩어져 사는데
나 홀로 본가에 누워 쓸쓸히
옛 추억을 생각한다.

무엇이 그리 바쁜지
한 번에 모이기도 어려우나
마음은 하나
본가에 아무도 없어도
풍성한 한가위이고 싶다.

옹기종기 아옹다옹
붉은 가난을
참고 살던 어린 시절
텅 빈 허전함이 밀려오는데

인생살이
따뜻한 눈물
많이 생각나
그리움만 밀려온다.

추억의 김밥

어린 시절 소풍 갈 때
단골 메뉴 김밥
약방에 감초 나오듯
생일날에도
잔칫날에도
무엇이든 돌돌 말아
맛을 내는 마술의 향연
어머니
손놀림의 그 손맛
김말이 안에
단무지와 소금간만 해도
정성 한가득 우리 엄마
김밥 맛이 제일이었었는데

지금은
김밥 속 무지개색 재료
다 들어 있어도 그 맛이 안 나니
어머니가 생각나는가 보다
울 엄니가 그립다

김밥은
나의 추억인 것을
어머니 품 안인 것을
이제서야 깨닫는다.

어머님에 대한 발원문 1

삼보님께 귀의 하옵니다.
힘들고 어려운 시절과
인연이 되어 고생하시면서
한 세월을 살아내신
이 나라 한 가정의
자비로운 어머님이 계십니다.

마지막까지 남겨진
온정을 주고 싶은 일념으로
삶의 끝자락에서 온 힘을 모으신
어머니
당신과 연기된 이 세상을 이별하고
또 다른 세상에 눈을 돌리시고
앞일을 준비하고 계신 어머니

헌신하시고 잘 살아오신
어머님 공덕으로
다른 세상에서 아픔 없이 평안하실 수
있도록

아미타 부처님께서 인도하고 보호하여
주시 길 간절히 원하옵고
남겨진 가족들에게도 어머님이 주신

인연의 선업을 신수 봉행하며
훗날 어머님을 뵐 수 있는
지혜를 주시 옵 길 서원 하옵나니

부디 저의 기도발원이
성취될 수 있도록
부처님의 대원력으로 증명하여 주시옵고
옹호하여 주옵소서

미혹한 저는
두 손 모아 간절히
기도드리옵나이다.

어머니에 대한 기도 발원문 2

삼보님께 귀의하옵나이다
힘들고 어려웠던 시절과 인연되어
한 가정을 이루고 저희 6남매를
잘 키워주신 도진道珍 이주성의
어머니이신 故 함양박씨 영창 님이
계십니다.

삶의 끝자락에서 마지막까지 온 힘을
모아 저희 6남매를 위해 온 정을 다
베푸셨습니다.

헌신하시고 잘 살아오신 고인의
공덕으로 다른 세상에서 아픔 없이
평안하실 수 있도록
아미타 부처님께서 인도하고 보호하여
주시 길 간절히 원하옵고
원하옵나이다

남겨진 가족들에게도 고인이 주신
인연의 선업을 신수 봉행하며
훗날 어머님을 뵐 수 있는 지혜를
주시 옵 길 서원하옵나니

부디 저의 기도 발원이
성취될 수 있도록
부처님의 대원력으로 증명하여
주시옵시고
옹호하여 주옵 소서

금일 제1회 칠재를 맞이하여
미혹한 저는 두 손 모아 간절히
기도드리옵나이다.

우리 아버지

소탈하고 법 없어도
사신다는 우리 아버지
한평생 육 남매 키우시느라
고생하시다
세월 흘러
어느새
구순九旬과 망백望百 넘어
상수上壽를 바라보는데

병원에 계실 때
"집에 가고 싶다."
매일 같이 육 남매 보채시다.
당신의 보금자리
집에 오셔서는

우리 보고
"왜, 왔느냐?"
"전화 왜 했냐?"
육 남매 걱정하신다

"이것 사 와라."
"뭐 사 와라."
아버지의 목소리가
끝이지 않는 주문에
바쁜 육 남매이지만

그 목소리
더 계속해서
이어졌으면 좋겠다.

탑정호 출렁다리 분수 쇼

해가 질 녘
어둠이 내리니
탑정호 출렁다리
현수교 무지개색
찬란한 전광판 되고

탑정호 수면은
현수교 불빛 거울이 된다.

탑정호 분수 노랫소리
무지갯빛으로
힘차게 뿜어 오르니
'와'하는
우리 가족의 함성
행복만 가득하다.

사랑하는 장모님
어깨가 들썩이신다
흥겨운 분수 쇼에
탑정호의 밤은 깊어만 간다.

아버지의 노인대학

병원에 계실 때
집에 가는 게 소원이라시더니

당신의 보금자리
1년 만에 돌아오시니

이제는
노인대학 가시는 게
소원이시다

오늘은 편찮으신
아버지 소원 받들고자
노인대학 함께 출석해서 가보니

흥겨운 오락 시간
신이나 어깨춤 들썩이고

옹기종기 모여
함께 식사하는 시간 좋아하신다

동료 학생
모두 잘 오셨다 반겨주시니

우리 아버지
그래서
그렇게도 노인대학 원하셨구나.

병원 가는 길

연로하신 아버지와
함께 병원 가는 날
"나는 병원 가기 싫다."
아이처럼 소리 내어
손사래 치며 말씀하신다.
"난 안 아프다고."

아버지 말씀처럼 정말
안 아프셨으면 좋겠다
아버지와
아웅다웅하는 시간이
더 길어졌으면 좋겠다

고령으로
얼마 남지 않은
이별의 순간이
오지 안 왔으면 좋겠다.

나의 기도

가슴속 깊이 묻어두고
하고 싶은 말

눈 감고 두 손 모아
간절한 소망 속에

내 마음 내 육신 정성 다해
사랑하는 임의 얼굴을
생각하니
보고픈
우리 어머니 얼굴만 떠오른다

이제는 볼 수 없고
만날 수는 없지만
기도하는 마음속에 간직하니

내 마음은 평온하여
환한 미소가 피어오른다

기도하는 나의 모습이
행복 속으로 옮기어 간다.

손녀는 꽃

너무나 이뻐
맘에 쏙 들어

내 마음
빼앗은 너는

쳐다보기도 아까운
한 송이 아름다운 꽃

눈이 부셔
눈 감고 보아도
이쁜 꽃

너는 내 가슴속에
뿌리박혀

영원한 사랑
꽃으로 피어 있다.

막내의 그리움 1

육 남매 동기간 아무 일 없이 잘 살다가
막내의 비보 참으로 안타깝고 허망하다

인간의 힘이 이리도 나약한지 원통하다
지켜주지 못해 살려내지 못해
정말 미안하고 미안하다
아무 걱정 말고 극락왕생하시게
사랑하고 사랑한다
그리고 보고 싶고
또 보고 싶은 마음 아려온다

내 영원한 막내여
편히 잠드시게

그간 동기간의 인연 참 고마웠고
고생도 많이 하고 수고도 많이 했네.

남은 동기간 가슴속 한 송이
꽃으로 간직하고 지지 않게
가슴에서 키우겠네
나 죽어도 영원히 잊지 않으리

막내 너를 사랑한다.

막내의 그리움 2
- 누님과 형제 일동

인간의 힘이 어찌 이리도 나약한지
원통하고 원통하다

지켜주지 못해 살려내지 못해
정말 미안하다

막내야 사랑하고 사랑한다

보고 싶고 또 보고 싶은 마음
절절히 아려온다
내 영원한 막내여
편히 잠드시게

남은 동기간
막내 너를 가슴속 한 송이
꽃으로 간직하고 지지 않게
가슴에서 키우리라

우리 형제는 모두
 막내 너를 많이 사랑한다

주형아! 사랑한다.

막내를 그리워하며
- 이주희

눈을 뜨니 막내의 그리움이
기다리고 있었다.
누나인 나는 막내가 그리워
받아들일 수 없는 현실에
한탄해야 했다.

자꾸 눈물 흘리고
이러면 동생이 떠나지 못한다는
안타까운 조언을 듣고
다잡아야겠다고
생각도 해보았지만
울고 또 울고
눈물이 마르질 않으니
막내의 그리움은
계약 없는 영원한 이별이다

노년은 잃음과 상실의 시기
자연스럽게 받아들였지만
막내는 뜻하지 않은 사고로
우리 곁을 떠났다
누구나 약속이나 한 듯 세상을 다
떠나지만
나는 절대 받아들여지지 않는다

훌륭하게 모든 것을 행한 막내야
사람은 태어날 때 즐거움의 욕구를
타고나지만
취미처럼 마음껏 후회 없이 살다가
떠난 우리 막내 주형아

아버지와 우리 남은 다섯 형제도
가족을 먼저 생각하며
지금보다 더 사랑하는 마음으로
바람처럼
구름처럼
그렇게 살다가 가련다

막내야, 하늘에서 지켜봐다오.

- 막내를 먼 여행으로 떠나보낸 후 일주일 된
아침 누나가 -

오월의 아픈 이별

초연히 쓸고 가는 늦봄
계절 버린 봄꽃 떨어져
여름이 다가온다

인생은 태어나 왔다 가는 것
만남과 헤어짐은 이 세상과
저세상의 이별과도 같은 것

한 어버이 몸에서 차례로
태어났어도 가는 길은 순서
없다지만 어이없는 이별의 슬픔은
애달프고 애달프다

개똥밭에 굴러다녀도
이승이 좋다던데
어찌하여 보고 싶은 형제 누이
남겨놓고 그리 바삐 가셨는가

윤회는 운명의 장난인가
또 다른 세상에서
형제 누이 동기간의 인연으로
다시 만나길 서원하며

사랑하는 내 아우
그리움으로 달래 본다.

우리의 만남

나와 너의 만남은
필연이었다.

필연도
한 어버이를 만난 동기간
이와 같은 인연이
얼마나 행복하고 좋은 인연인가

한평생 건강하고 행복하게 살다가
수명 다해 떠나는 길 순리이지만

중도에 너무 빨리 가는 길은
얼마나 속상하고 안타까운 일인가

못다 한 이 세상
세월 더해서
천국에서 몇 배로 더 행복하길
끝없이 바란다

우리의 인연은
피를 나눈 형제

정성 다해 명복을 빌며
극락왕생 정성으로
너를 위해 서원한다.

입원

사랑하는 동생의 사고로
영영 이별하고
나는 병상 신세를 지고 있다.

아픈 곳도
사연도
다 제각각 이 듯
링거 하나씩 매달고 누워
천정을 바라보며 모두가
무슨 생각에 잠겨 있다

동생과의 추억
나도
이 생각 저 생각 하다 보니
마음은 더 복잡하다.

링거 수액도
한 방울 두 방울
생각에 잠겨 내 몸속으로
들어간다.

쾌유를 바라는 마음과
이별의 마음이 교차하는
어린 시절
생각에 잠겨 든 나는
내 동생을
꿈속에서라도 만나고 싶다.

옥수수

연로하신
노부老父 위해 멀리 떨어진
비탈밭엔 따먹기 어렵다고
집 앞마당 가장자리 땅 일궈
정성 다해 님과 함께 심은 옥수수

무럭무럭 잘도 자라
토실토실 여물었는데
옥수수 함께 먹자던 임은
어디 가고 오지 않는가

옥수수
수수깡만 덩그러니 남아
그 향기 바람에 스치니
임은 바람 타고
저 멀리 떠나간다

아버지는 말없이
옥수수만 한 알 두 알 잡수시다
지그시 두 눈을 감고
옥수수 심은 떠난 임과
함께 추억 여행 떠나신다.

고향 집

한가위 명절 다가오는
늦더위 기승을
부리는 어느 날

고향 집 그리워
문을 두드리니 홀로 계신 아버지
반가워 감으셨던 눈을 뜨신다.

홀로 계신 외로움
아직은 모르겠지만 헹한 마음
왠지 한쪽이 찡하게 아려온다.

자식들 성장하여
뿔뿔이 흩어져
제 살길 바삐 사느라
이제 북적였던 고향 집은
가슴 한 곳 텅 빈
보금자리 되었지만
자식들은
내일도 모레도 찾아올 것이다

자식들은 다시 약속하고
방문을 나섰지만 그 약속
또 지켜질지 아쉬움만
윙윙 가슴속을 맴돌고 있다.

코스모스

청아한 가을 하늘 길게 뻗은
고향길 줄지어 피어난 코스모스

가을바람 타고 속삭이듯
살랑살랑 손짓하며 나를 반기네

고향 집 어머니
불효자식 기다린다 발길을
재촉하네.

이제는 다시 못 뵐
그리운 어머니인데

고향길 코스모스 꽃으로 피어
나를 마중 나오셨나 보다.

사랑하는 손녀

네가 이 세상에
감동의 선물로 태어나

너를 볼 때면
보조개 미소 절로 나와
근심 걱정 사라지고

또 너를 보면
기쁨과 즐거움이 가득하니
너는 어디서 온 보물인가

천진난만한
너의 눈망울처럼

언제까지라도 맑고
고운사랑 주고 싶다

한없이 예쁜
내 손녀 지유야
또다시 쳐다봐도 참 이쁘구나.

아버지와 나들이

햇빛 좋은 가을날
아버지와 나들이 간다.

힘이 없어도
붙잡지 말라 손사래를 치시며,

한 손에 지팡이
한 손은 허공을 가르시며
건장함을 자랑하신다

구순과 망백을 넘어
백수를 향하지만
몸보다 마음만은 저만치
 앞장서 가신다

그런데
아버지의 움직이는 그림자가
어느새 왜 이리도 작아졌는지
아버지의 마음은 아직도
커다랗게 움직이시는데

아버지 마음과 내 마음 합쳐
서로 눈길 마주치니

잔잔하고 뭉클한 감동의 물결
아버지의 목소리가
또렷하게 들려오는데

아버지의 지팡이 소리가
맑은 가을 하늘을 가른다.

이발소

아버지의 성화에
아버지 손 잡고
이발소에 왔다.

이발사와
주고받는 대화

어르신 백수까지
사시겠네요

울 아버지 빙그레
웃으신다

울 아버지 백수까지
나와 손잡고 이발소를
다니셨으면 좋겠다

그러나
지금은 아버지를 모시고
이발소 다음 코스
병원으로 향한다.

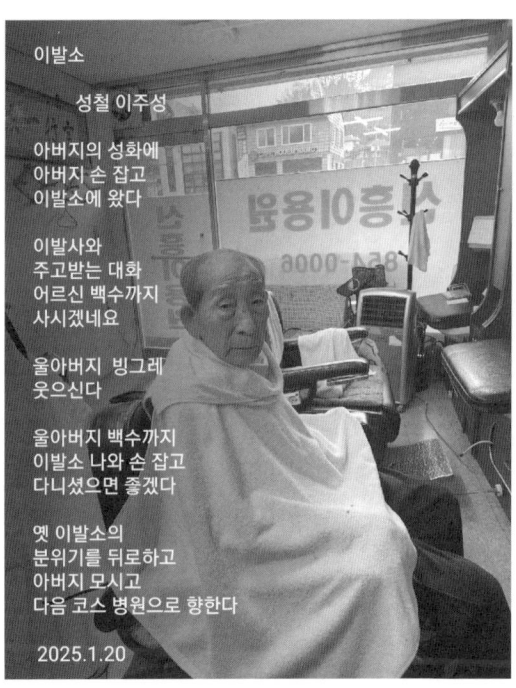

이발소

성철 이주성

아버지의 성화에
아버지 손 잡고
이발소에 왔다

이발사와
주고받는 대화
어르신 백수까지
사시겠네요

울아버지 빙그레
웃으신다

울아버지 백수까지
이발소 나와 손 잡고
다니셨으면 좋겠다

옛 이발소의
분위기를 뒤로하고
아버지 모시고
다음 코스 병원으로 향한다

2025.1.20

지유 발자국

이 세상에 태어나
지유가 처음으로
쳐다보고
만져보며
느껴보는 하얀 눈
신기하고 신비로워라

달콤한 백설기 위에
발자국 누구 발자국일까
예쁜 지유의 발자국

먼 훗날
지유의 발자국은
어떻게 변할지

한 걸음 두 걸음 추억 가득한
보람된 삶의 발자국
되었으면 좋겠다.

나의 까치밥 홍시

된서리 맞은 후 겨울 긴긴밤
간식거리 장만을 위해 감나무에
걸터앉아 긴 장대로 하나둘 감을 따
망태기에 바쁘게 담는 어머니와 아버지
추운 겨울 홍시를 자식들에게
먹이고 싶어 열심히 따서 담는다.

따뜻한 아랫목에 자식들 앉혀놓고
어머니는 추운 겨울바람 부는 문을 열고
장독대 위 큰 항아리에 담아놓은 홍시를
환한 미소로 가져다주셨는데
자식 위해 아껴두었던
덩그런 빈 항아리만 보이니
까치밥 홍시가 생각난다.

나뭇가지에 남긴 까치밥은
누구의 까치밥일까
커다란 항아리에 담겼던 홍시는
누구의 까치밥일까

나의 어머니
나의 고향이여
이제는 나의 까치밥 맛볼 수 없어
따다 남은 감나무 가지만 바라보니

어머니의 향수가
아련한 그리움으로 풍겨올 뿐이다.

어머니와 아버지

해와 달이 한 공간
함께하니 어버이가
함께 계신 듯하다

반가움에
쳐다보니
떠오르는 분
아버지요

작년 봄 하늘에
별이 되신 울 엄니
아버지 만나려고
달님 되어 오셨네

울 아버지 밤새
별과 노시느라
피곤하여 주무시려는지
흐릿해져 간다

나도 울 엄니
보고 싶은 마음에 손 뻗어
잡으려 하니
점점 더 멀어지는데

죽음이 갈라놓은
인연이라도
오늘처럼 해와 달이 되어
다시 이어졌으면 좋겠다.

사랑하는 장모님께

힘들고 어려웠던 시절
우리 곁에 봄날
따뜻한 햇볕처럼 오신 장모님

한평생 9남매 보금자리
헌신하며 걸어오신 장모님

차가운 겨울
따뜻한 화롯불 되어주셨고
무더운 여름에는
시원한 바다가 되어주셨다

지금은 당신이 우리 곁을 떠나
하늘의 별이 되셨지만
영롱한 별빛 반짝이듯

우리는 영원히 잊지 않고
당신을 사랑하기에
사랑하고 또 사랑할 것입니다.

겨울 고향 집

덩그러니 텅 빈 외양간
잡동사니 빈 상자로 쌓여가고

휘날리는 눈보라는
이리저리 나뒹굴며 고향 집을
구석구석 몸수색한다.

달빛에 그림 그리며
날아가는 철새 한 쌍이
정겹게 날고 있는데

홀로 계신 울 아버지
내가 오는지 아시고서
헛기침하시며
누구여 큰소리로
나를 반기신다

겨울밤 고향 집 뜨락에는
함박눈만 소리 없이 내려
쌓여 간다.

아버지의 모습

24년 12월 23일
아버지의 모습이다

초라한 것 같지만
잘 살아오신 자랑스런
아버지다.

구순과 망백 넘어 상수를
향해가는 모습인데

불편하신 몸으로
노인대학 수료하신 날
사각모자 정말 자랑스럽다

아버지의 모습을
영원히 기억하고 싶다

그래서 아버지를
또 바라본다.

생태탕 외식

김이 모락모락
맛있는 내음 퍼진다.

눈에 넣어도 안 아플
내 딸들 기다리네

국물 한 모금 입에
넣으니 감칠맛
향기 가득하다.

맛의 향기에 취해
행복 가득한 우리 가족.

결혼기념일

아무것도 모른 채
그냥 좋아
이 세상 다 가진 것처럼
사랑하고 좋았지요

많은 꿈 간직하고
부푼 가슴 설렘으로
가득한 날 고마운
당신 선물로 받았지요

사랑하는 당신이
함께여서 억수로 행복한 날
나는 우리가 결혼한 날
이 세상에 다시 태어났다오
그 마음
변치 않고 지금도 살고 있다오

이제 세월이 지나
초로에 들어서고 보니
당신의 눈치만 보게 되고
사랑한다는 말
표현을 못 할 뿐이라오

그래서
이렇게 시로 써서 표현한다오
정말로 사랑한다고
당신을 사랑한다고.

첫눈

하얀 마음 살포시
좋은 소식 가득 담고
소리 없이
소복이 내리는
첫눈
첫사랑

첫눈 내리는 날
님과의 약속 장소 떠올리며
님의 얼굴 그려보니

내 마음 흔들고
떠난 님이
옛 추억으로 잠겨 온다

내 가슴속에 첫사랑
첫눈 내리는 날 그리움에
다시 돌아오라 손짓하지만

첫사랑
첫눈에
내 마음 실어
이별만 전한다.

들꽃과 들풀

나는 몰랐네
네가 그리 소중한 것을

나는 몰랐네
네가 그리 아름다운 것을

나는 정말 몰랐네.
네가 소중하고 아름답다는 것을

나는 이제 알았네
당신이 아름답고 소중한
내 인생의 시작이라는 것을

나는
또 알았네
당신이 나의 삶이라는 것을

곱디고운 연둣빛 당신
긴 머리 소녀의 수줍은 미소로
사랑을 속삭이며
홀연忽然히 흘러 떠나가니

나는 길 잃은 사슴
아쉬움만 가득 담아
먼 곳을 바라본다.

계룡 저수지의 물안개

계룡산은 잔잔한
저수지 물속에 비치고

아침햇살은
살짝 물 위에 내려오니

수면위 얼굴 내밀어
수줍은 물안개 꽃
피어난다.

굽어진 곳까지 빠짐없이
모락모락 소담하게
피어나는 물안개 꽃

계룡산 선녀들이 내려올 듯
부드럽고 엄숙하게 피어나는
하얀 속살
꽃송이 물안개는
어느새
선녀의 날개옷 되어
해님 따라 사라지니

나는
선녀와 나무꾼처럼
아쉬움만 남긴 채

데크 산책길 따라
다시 물안개 사랑 찾아
걷는다.

하얀 민들레

민들레꽃
길가에 하얀 머리
풀어 흔들면

내 마음도
흔들려 풀어지고

민들레 홀씨
어디로 날아가는지

보고픈 내 임
만나러 날아간다면

날아가는
민들레 꽃잎 위에
내 마음도 살며시
실어 보내니
임에게
사랑한다는
내 말 전해 주렴

민들레 꽃잎
바람에 흩날리니
일편단심 내 마음도
임 찾아 사방으로
흩어지리다.

수수꽃다리 꽃

향긋한 꽃향기
내 발길 멈추게 하여
자세히 살펴보니

정원 한 편 양지바른
바위틈 사이

따스한 봄에 취해
연보라색 수수꽃다리 꽃이
피어났다

향긋한 꽃향기
사방 천리 진동하니
오가는 발길
저절로 멈추어지고

춘 사월 정원 한가득
매혹의 향기는
첫사랑의 아름다운 약속
임 오길 기다리며 뿜어 흩어진다.

첫사랑
방해하지 않으려 슬그머니
자리를 비켜주는데
진한 향기
내 마음속 파고든

첫사랑
나도 모르게
임과의 추억을
파헤쳐 그려본다.

황매화 꽃밭에서

노랑나비 떼 지어
앉아 있는 줄 알고

살짝이 다가가
나무줄기 흔들었더니

나는 노랑나비
아니라고

바람이 봄바람 불며
확인해 주네

노랑 꽃잎 활짝 펴
속살 드러내니
봄나들이
상춘객
어여쁜 청춘 남녀
모두 유혹하여
황매화 꽃밭 속으로
불러드린다.

어여쁜 청춘남녀 손잡고 들어
올 때는 오빠 동생 하였지만,
사진 찍고 함께 돌아가서는
여보 당신 하였으면
참 좋겠다.

보고 싶은 그대

봄소식 타고 임이 올까
봄 내음 향기는 찾아왔지만
복사꽃 산수유 꽃잎은
바람에 하나둘씩
떨어져 내린다

보고픈 임은
파란 하늘 별처럼
저 멀리 총총한데
임의 모습 보이지 않고
발자국 소리만
들려온다.

임 오는 소리
귀 기울여 들어보니
임은 오지 않고
바위에 부딪치는
파도 소리만 들려올 뿐이다

저 푸른
바닷가 높은 곳에
자리 잡고 앉아

임을 보고파 바라보니
내 마음은 깊은
바닷물처럼
점점 깊어져
파랗게 멍들어만 간다.

늘 푸른 소나무처럼

사계절 푸른 빛
변함없는 마음

모진 세월 지켜내어
지금에 이르렀네.

아무리 고단하고
힘들지라도

늘 푸른
소나무처럼

푸른 마음 품은 사계절
변함없이 푸르리라

늘 푸른
저 한 그루 소나무.

웃음꽃

수많은 꽃 중에
가장
아름다운 꽃은
바로
당신의 웃음꽃

당신의 웃음꽃은
세상과 사회를 밝게 비추어
아름다운 세상을 위하는
지름길이니
나는 당신의 웃음꽃을
사랑합니다.

그리운 것들은 꽃으로 핀다

잊지 못할 그리움은
마음속에 뿌리내리고
이른 아침
보일 듯 말 듯
꽃으로 핀다

눈에 보이지 않아
그리운 것은
들에 피는 이름 모를 꽃들

그리움이 꽃으로
피어난 내 님일까 하여
님을 보듯 살며시 바라보니
바람결에 님의 향기 풍겨 온다

피어난 꽃은
내 님 맞다고
꽃 이파리까지
흔들어 주는데

그리운 것들은
항상 꽃으로 피어난다.

그리운 사랑은 마음속에

보고 싶고
또 보고 싶으면
만나고 싶어진다.

눈앞에
나타날까 하면서도
아니겠지 한다.

그러면서
혹시나 오지 않을까
눈 비벼 앞을 바라보니
허상虛像일 뿐

얄밉고도
그리운 것이 사랑인가

그리운 사랑은
항상 마음속에 품어 있다.

석류

알알이
익어가는
빨간 복주머니

터질 듯한
정열의 사랑 구슬
복주머니 가득 채워
잉태하였네

애틋한 빨간 구슬로
밖에 나온 고운 자태는
영롱한 빛으로 은은하니

알알이 품은 속살은
사랑의 구슬
고난 세월을 이겨낸 사랑

너와 나의
영원한 언약이
빨간 구슬로
점점 영글어 간다.

홍시 紅柿

언제 오실지 모를
님 생각에
남겨놓은 홍시

파란 가을 하늘에
대롱대롱 붉게 빛난다

기다리던
손님은 오지 않고
이름 모를 작은 텃새
가족만 온다

내 님 줄 홍시에
달콤한 점 찍어
행복하라고

멀리 있는 내 님에게
속 타는 마음 전할 테니
걱정 말라고

자꾸만
재잘거린다.

상사화

파란 이파리
먼저 나와
기다리다 지쳐
돌아가니

긴 꽃대 내밀며
세상에 혼자 나온 상사화

만나지 못할
사랑인 줄 알면서
사랑했으니

백 년이건
천년이건
님 위한 사랑
더더욱 붉게 물들여

이루어질 수 없는
슬픈 사랑이지만
층층이 피어난 상사화로

불타는
꽃이 되었다.

가을은 내 사랑

크게 숨을 들이쉬니
내 님 향기가 들어온다

고개 들어 하늘을 보니
오지 않을 것 같았던
내 님이
바람 타고 낙엽 타고
가을 향기로 들어온다

동트는 산기슭부터
해 지는 마을 어귀까지
님의 향기 흩뿌리며
나 이제 왔노라
알리기나 하는 듯이

가을밤
깊어가도록
내 사랑 쌓인다.

사랑은

사랑은
바라보는 것

사랑은
아껴주는 것

사랑은
품어주고 받아주는 것

사랑은
그대 위해 존재하는 것

언제나 긴 해변을 달구어 내는
태양의 햇볕 같은 것.

낙엽의 미소

새빨간
앵두 빛 그대 입술

내 가슴 콩닥거려
애간장 불태우고

붉게 타오른
입술의 미소는

뜨거운 태양의
내 가슴과 입맞춤하리.

시월의 마지막 밤

으스스 추운
깊어가는 시월의
마지막 밤은

추우면 추울수록
내 사랑 되어

내 영혼 붙잡아
속마음 울려놓고

잔인殘忍하게도
어서 가라 하네

시월의 마지막
사랑의 밤은.

꽃지해변 가을꽃

꽃지해변
가을바람
갈대 만나 가을빛으로
오색물감 물들인다

짙푸른 하늘 아래
형형색색 물든
해변의 꽃밭
꽃길 펼쳐진
하늘을 바라본다.

꽃지해변 가을바람
꽃향기 가득 싣고
지평선 저 멀리

그리운 사랑 찾아
여행을 간다.

징검다리

언제나 그 자리
변함없는 너

너는
나의 동반자
나의 고향길

다가오는
동반자 너는

등 내어주며
안전도 빌어주니

너를 사뿐히
딛고 지나가는 나

사랑하는 님
마중 가고 있다.

잠 못 이루는 밤

바람도 잠시 쉬어 간다는
계룡산 서쪽 기슭 산사에

나 홀로 이른 봄 앞둔
2월의 끝자락 늦은 밤
이른 새벽 지새우며
밤하늘을 바라본다.

반짝이는 별빛 따라
하나둘 내 눈길에
입맞춤하고

나는
그대 불빛
하나둘 헤일수록

깊은 산골짜기
시름으로
깊어져 가니.

잠을 청해보아도
그대 생각만 또렷이
별빛으로 총총하고

애꿎은 새벽달만
산 넘어 고개 숙인
이별을 고하니

잠은 저만치 달아나
어느새 나는 그대 곁에
별빛으로 빛났다.

겨울과 봄 사이

웅크렸던 가슴
펴려고 하나
방해하는
자투리 추위가 들어온다.

이랬다
저랬다
추웠다가 따스해지는
겨울과 봄 사이

까칠했다가
다정해지는
내 사랑
잡는 듯하나

다가가면
도망가는
겨울과 봄은
사랑의 술래잡기

기다림의
따스한 온기
내 가슴 속
파고들어 와

아지랑이
꽃으로
피어난다.

애절한 사랑

해와 달이
서로의 몫으로
어둠을 밝히고

잡을 수 없는
술래잡기
사랑을 하듯

이룰 수 없는
사랑의
아픔

서로가
변함없는
빛이 되어

남몰래 흐르는 눈물로
사랑이란
시를 쓴다

지쳐 쓰러져
잠들 때까지.

다시 사랑할 수 있다면

시간을 되돌릴 수는 없지만
새로운 마음의 시작은
다시 새롭게
살아가는 것

내 인생
내 삶의 시간은
사랑 하는 것이 되나니

다시 사랑할 수 있다면
기꺼이 너와 나 정열적으로
후회 없이 인생을
살아가며 사랑하리라

지금 이 순간
너와 나를 위하여
사랑을 말하고 싶다.

종이컵

무슨 인연으로
내 앞에 있는지

무슨 인연으로
나와 입맞춤했는지

너와 나의 인연은
사랑하는 연인이었나보다.

나의 빈 곳에
마시는 물 한 모금보다
너를 사랑하는 마음을
한가득 담고

목 넘김 하여
진한 향기로 너를 품는다.

보름달

예쁜 둥근 보름달
뽀얀 얼굴 내밀며
창문 열고
내게 다가와

님 소식
전하려 하는데

구름이 날아들어
보름달을 삼켜버리니
님의 소식 듣지 못했네.

또 한 달
기다려야 하니

속 타는 내 마음
보름달은
알고 있겠지.

제3부

함께 가는 길

새로운 아침을 맞이하며

생각 없이 잠들고
설렘으로 새 아침을
맞이한다.

새로운 아침
새로운 기분

나는 날개 달고
미지의 세계로
떠나고 싶은 마음

두근거림 속 새 희망으로
출발의 시작
새 아침을 맞이한다.

갑사 종소리

범종루梵鐘樓 대범종大梵鐘
개사開寺 1,603년 품어온 세월

육법공양六法供養 석가모니 말씀 모아
쇠북 울리니 부처님 자비로움

산사山寺 산기슭 고랑 구비 휘돌아 퍼져
삼라만상森羅萬象 깨우치는 갑사甲寺 종소리

몸을 떨며 세상 여는 새벽 소리
가슴 벅차 희망에 울고

땅거미 어두울 녘 님 그리워 참회懺悔로 우니
속세俗世에 지은 죄 속죄贖罪로 합장하고

갑사의 종소리에
마음속 번뇌煩惱 모두 흩어져
귓전에 염불 소리
감화感化로 반딧불 되어

부처님 전 고통 번뇌 벗어
참 중생衆生으로 세상을 찾아가네.

초로初老의 고교 반창회

고운 정 미운 정
보고 싶은 얼굴
까까머리 검정 교복
추억 떠올려

지나온 세월
그리움 되어
동행으로 가는 길

남은 세월 함께하며
허물없이 살다가
황혼 기울 때

여보게 친구!
함께여서 고마웠네
말할 수 있는
그리운 벗님들

마음 가는 대로
조건 없이 만나
탁주 한 사발
크게 마셔보는
고교 동창회.

보름달 뜬 갑사甲寺의 대웅전

대웅전
용마루 바라보니

난간 위
보름달이

반갑게
나를 보며
산사山寺를 굽어 비춘다.

달빛은
부처님 전 내려와

산사를 가득 메워
대웅전 앞마당에 자리 잡고

부처님 마음
달빛에 가득 담아

계룡산 굽이 굽이
모두 휘휘 비추어 주니

오늘 밤도
외롭지 않아

당신 모습
큰 빛으로 보았습니다

이제
보름달은
대웅전 산허리를 돌고 돌아
부처님의 말씀을 전하니

산 넘어
중생衆生 사바세계
부처님 세상 되어
새 아침을 맞이한다.

금강 변 석장리길

자동차에 몸을 싣고
비단강 금강을 바라보니

출근길 가로수는
나를 반겼다 사라지고

햇살에 굴절되어 출렁이는
금강 물줄기가
눈이 시리도록 반짝인다

아름다운 비단잉어
은빛 비늘 되어
상기된 가슴으로
콧노래 흥얼거리다

석장리 박물관 가로수길
청벽대교에 다다른다.

청벽산 전망대가
나를 반기는
기암절벽 청벽바위
고아한 자태

공주의 터줏대감 비단강
오늘도 출근길에
나를 반겨 포옹해 주니

나는 참 행복한
공주의 사나이다.

짜장면의 추억

코끝 구수한 짜장면
냄새 이끌린 시골 장터
고샅 모퉁이 중국 식당

빛나는 졸업장을
가슴에 안고
한가득 가족 단위
옹기종기 둘러앉아

모두가 주방 향해
고개 머리 돌린 채
짜장면 곱빼기
나오기를 기다린다.

중국 식당 주방에는
짜장 볶는 불이
활활 힘 있게 타오르고

졸업생 마음에는
날마다 이런 날이
있었으면 좋겠다 하니
모두가 함박웃음
왁자지껄한다

코흘리개 막내는
어느새 초등학교 졸업생
아버지가 아낌없이
인심 써 지갑을 여니
덩달아 주방장도
신이 났는지 마법의 손길로
밀가루를 반죽한다.

원수산元帥山

차령산맥 정기 받아
장남평야 기름진 들녘
미호강 흐르는
계룡산이 보인다.

고려 충렬왕 17년
원元의 반군 합단적 물리친
연기 대첩 함성으로 높이 솟아난
원수산元帥山에 올라

산하山下를 세세히 둘러보니
대한민국 행정수도 지켜주는
으뜸 산

부모산과 형제산
문필봉의 원수산은
정부 청사를 품에 안고
대대손손 흥興할 거라

잔잔한 호수공원 바라보며
국태민안 소망한다.

안개 낀 계룡산鷄龍山

진눈깨비 내리는 날
해님 살짝 얼굴 내밀고

계룡산 산허리
자욱이 떠 있는 비단 안개

산신령의 방석인가
산신도사 방석인가

그 사이 사르르
안개구름 사라지고

만년 천년
신성함으로
인간 세상에 나타난

금계포란金鷄抱卵
비룡승천飛龍昇天 계룡산이
심금 울려

내 마음은 비단 안개
구름 되어 떠다닌다.

풍경소리

고요한 절간 끝자락
처마 끝에 외로이
대롱대롱 자리 잡은 너

바람 따라 구름 따라
긴긴 세월 흐름 흘러
잊고 지냈다.

이제는 천년고찰
터줏대감 되어
삼보 보살 아미타불
목탁 소리 염불이 되었네

대웅전 풍경소리
귓전에 메아리로

속세에 승화되어
잔잔히 울려 퍼져
가슴속에 스며든다.

연등 燃燈

부처님 자비 세상
밝게 비추어

어려운 상황에도
꺼지지 않는 연등이여

계룡산자락 갑사甲寺 부처님 뜨락
부처님 탄신 찬탄하네

대웅전 앞마당 하늘에 핀
무지개색 등불
온 누리에 연꽃 연등

극락왕생 기원 담아
중생衆生마다 사연 담아
이름표 발원하고
소원 빌어 연등하니

욕심과 집착에
어두운 세상
연꽃 향기 나부껴
행복한 소원 이루어
네게로 돌아온다.

행복한 편지

서로의
마음속 들어왔다
나가는

여기서든
거기서든
따지지 않고

내 마음
움직여 가는 대로
가슴으로 쓴 편지
행복한 편지

그대 마음 알고서
내 마음속에 이미 심어
쓴 편지

뚫어져라
쳐다보다
지그시 눈이 감겨

님에게 보낼 편지
가슴으로
써 내려간다.

인생길

인생길은
흐르는 시간이며
한번 왔다 가는
나의 발자취

인생길은
아무도 알 수 없지만
멈추지 않고
사정없이 흐르는 길

지나간 인생길
다시 오지 않으니

한 번쯤 생각하는 것이
인생길

인생길은
누구나 걸어가는 길.

아픔

아픔은 생로병사
정신적 신체적 괴로움이다.

만병의 근원은
마음의 우울

모두
피할 수 없는 정신세계는
곧 아픔인데

모두가
아프지 않을 거라
살아가고 있다.

그러나
덜
아프도록 노력하며
덜
아프면서
살아야 하는 것이
살아가는 것이다.

아픔은
어느 누구도 대신해 줄 수 없는
본인이 이겨내야 하는 것

그것이 아픔이다.

오리 가족 나들이

뒤뚱뒤뚱 엄마 오리
앞서 나가고

새끼 오리 네댓 마리
엄마 따르네.

더 좋은 보금자리
물 방석 찾아

오리 가족
뒤뚱뒤뚱 나들이 간다.

막내 아기 오리
힘들다고 꽥꽥 울지만

엄마 오리 어서 오라
꽥꽥 울어 답하며 힘을 내어주고

형님 오리
힘내라고 꽥꽥 울어
노래 불러주니

오리 가족 어느새
새 보금자리 도착하였네.

행복의 의미

꽃은 피어야
향기가 퍼져
행복하듯이

사람 사는 인생
웃고 즐겨야
행복 하건대

행복이란
나의 마음속에
모두 숨어 있으니

행복은
오는 것이 아니고
찾는 것이다

행복은
언제나

나와
함께 살고 있다.

세월의 흐름 속으로

자연의 거대함에
발걸음 멈추고

커다란 나무 앞에서
하늘만큼 큰 나무
숨죽여 아래부터
끝까지 훑어보니

긴긴 시간 비바람
모진 고난 오고 가며
하늘 끝에 닿았다

세월의 흔적으로
까맣게 그을려
쌓인 연륜
썩은 등거리로 남아
그 안에
또 하나의 생명
새싹이 돋아나니

길게 뻗은 나무줄기
마디마디
지난 세월 간직하고

새로운
삶의 터전
지리 잡은
새싹

세월의
흐름 속에
또다시
자라난다.

거울은 먼저 웃지 않는다

거울은
먼저 웃지 않고
말하지 않는다.

다만
내가 웃고 말할 때
나를 따라 웃고 말한다.

내가 웃으면
그대도 나를 따라 웃으니

웃는 나를 만들고
웃는 거울을 만들어

그대
웃음이 나의 미소임을
거울에 알려주자

거울은 내 마음
내 삶의 인생이다.

소식 없는 희소식

애간장 다
태워놓고
인내심 다
드러나게 해 놓고

멋쩍어
무소식이
희소식이란다

직통전화
마음으로 연결하여

무소식이 희소식이란
말하지 말자

가슴이 멍들고
타들어 간다.

마음으로 닦는 길

모든 것에는
길이 있다.

찾아가는 길
갈 수 없는 길
헤쳐 나가야 할 길

그리고
마음의 길

그러나
악한 길은
가지 말아야 할 길

착한 길은
품어야 할 길

모든 길은
내 마음에 있으니
마음으로 길을 닦아 보자.

담쟁이덩굴

담쟁이덩굴은
흙벽도 기왓장도
돌담도 가리지 않네

목마른 거친 삶의
언저리 포기하지 않고 살아
뻗어가는 생명력

담쟁이 길은
자식을 위해 어려움
헤쳐 가는 강인한
어머니의 힘과 같다

거친 세상 삭막함을
모두 푸르게 덮어
푸른 세상 엮어 놓고
손에 손잡은 한세상

인연으로 맺은
푸른 세상
함께 살아가는
동반자인 것을.

석양 노을

서쪽 하늘
붉은 꽃가루 펼쳐져

황홀한 양탄자 꽃밭
펼쳐진 하루를 마감한다.

최선을 다해 살았기에
마지막 불태우는 모습

후회 없는 인생을
아름답게 장식한다

저녁노을을 인생의
황혼이라 말하지만
저녁노을은
새로운 내일을
기다리는 희망

저녁노을 진
밤에 잠시 쉬었다

새 아침을
꿈꾸게 한다.

부처님 오신 날

자비로운
부처님

광명으로
중생 세계
비추시며
탄생하시었네.

부처님
가르침 전해져

너와 내가
아름다운 인연이 되어

마음의 평화
행복한 세상

우리 모두
함께 하리.

아쉬운 결과

잔가지 다 잘라내고
굵고 곧은 가지만 남겨

과일나무 키웠더니
과일은 많이 열리지 않네.

비료 많이 뿌려
채소 길렀더니
웃자라고 바람에 쓰러지고
맛이 좋지 않네.

무엇이고 잘 판단하고
욕심을 버려야 하거늘

이제서야
뒤늦게 깨달았다네.

오늘 하루가 선물

내가 살아있는 오늘이
가장 행복한 선물

나와 네가 함께하는
오늘은 다정한 선물

살아있어 삶을 영위하고
사랑하는 가족이 있는
오늘이 가장 큰 선물

오늘이란 선물은
내일의 희망을
바라보고
꿈을 꿀 수 있어

오늘이
또 오늘의 선물이다

이 세상은
오늘이란 선물을
매일매일 받는다.

연꽃

흐린 물속에서
피워 올린 등불 하나

어둠 속에 피어
광명으로 피어난 꽃

빨갛게 피어나
신비로움 간직하고

흐리고 어두움
헤쳐 나와

아름다운 등불이 된
빨간 홍연

자비로
이 세상을
연꽃으로 밝히는
찬란과 영원의 등불.

진실한 마음

이 세상은 보석으로
살 수도
볼 수도
만질 수도
없는 것이 마음이라면

마음을
움직일 수 있는 것은
오로지
진실한 마음뿐

진실함은
마음의 가장 큰
양심

가장 큰
힘.

열정 삶의 주름은 아름답다

누구나 세월이 가면서
주름이 생긴다.

나이 들어
생기는 주름

웃다가
생기는 주름

열심히
일하며 생기는 주름

그중에 최고의 주름은
최선을 다하면서
열심히 살며
웃을 때 생기는 주름

주름 하나하나가
모두 아름다운 것이다

가장 아름다운 주름은
가보家寶이며
보물이 된다

나는
내 보물을 위해
오늘도 삶의 푸서리를
헤쳐 나간다.

제3부 함께 가는 길

함께 가는 길

소중한 길은
함께 가고 싶은 길

고통의 길은
두려워서
가고 싶지 않은 길

그러나
함께라면
두려워할 것 없고
고통도 없는 길

함께 가는
사랑의 길을
당신과 함께
갔으면 좋겠다

소중한 사람은
항상 마음속에
함께 있으니

소중한 길을
운명처럼
당신과 함께 가고 있다.

좋은 인연

이슬은
초록빛 풀과 햇빛을 만나
알알이 영롱한 빛이 나고

문풍지는
겨울철 삭풍을 만나
떠는 소리를 내듯

사람은
좋은 인연으로 부모와 형제간
이웃 친구 동료 간 어우러져
아웅다웅 살아간다.

그대와
함께하는 세상

오늘도 살며
내일도 또 내일도
인연 속에
살아갈 것이다.

내일의 미래를 위해

인생을 항해하며
누구나
과거 현재 미래를
맞이한다.

과거는
추억과 미련
아쉬움의 어제이고

현재는
이 순간 나와 함께
지나가고 있는
삶의 현장 오늘이며

미래는
어제와 오늘의 힘과
경험의 비결로
앞으로 더 나아가는
내일인 것이다.

과거와 현재 미래의
어울림은
삶의 진행이며
현실이니

과거를 거울삼고
현재에 충실하며
내일의 미래를
꿈꾸어보자.

인생 시계

인생의 세월은
벽시계처럼 어김없이
지나간다.

멈출 수도
잡을 수도 없이
흘러간다.

똑같은 인생 시계지만
길고 짧은
시간의 시계는 각자
어찌 쳐다보느냐에 달려있다.

인생이란 손목시계는
고장 나지 않아야
짜임새 있게
소중히
돌고 돌아간다.

촛불처럼

뜨거운 하얀 눈물
흘러내리며

나를 태워
누군가의 가슴속에

꽃을 피우고
감동의 눈물에

온몸은
하얗게 뜨거워진다.

견디기 힘든 날들을
버티어 내고 어둠을 밝히니

나를 태우는 촛불처럼
나도 어두운 곳 찾아

뜨거운 내 가슴
밝힐 촛불을 켜리라.

소중한 인연 소중한 마음

어릴 적 소꿉친구 만나
개구쟁이 시절 함께했고

학창 시절
친구 만나 청춘을 보냈다.

소중한 인연이 되어
부부가 되고
한평생 살아왔네.

소중한 인연
늘 함께여서
나 행복했으니

소중함에 감사하며
오늘도 내일도
살아간다

인연과 마음은
동반자이기에
언제나 함께 한다.

산사의 목탁木鐸 소리

이른 새벽
깊은 산속 산사山寺

노승의 목탁 소리
아침을 눈 뜨게 하고

삼라만상 일깨우며
번뇌 해탈 정진 향해

맑은 울림소리
토해낸다

텅 빈 가슴 채워주듯
목탁 소리 울려 퍼져

메아리로 뒤돌아오고
부처님 전 합장하니

내 몸 안에
부처님 말씀 울려 퍼진다.

빈 놀이터 바라보며

텅 빈 놀이터
바라보니
재잘재잘
어린아이 있는 듯

왁자지껄
손잡고 이리저리
뛰어다니는
아이들이 노는 듯

웃음소리 가득한 듯
지난 시간
다시 내 안에 돌아온다.

옥이야
금이야
소중한 꿈나무들
자라서
가정에 기둥 되고
나라에
일꾼 되겠지

어린 시절
마을 앞 시냇물
골목길 텅 빈 놀이터에서
아련한 추억들이 떠오른다.

아름다운 비행飛行

누굴 위한 비행일까
사랑하는 가족인가

누굴 위한 비행일까
아름다운 사랑인가

부지런히 왔다 갔다
내 마음 전해주면
이루어지겠지.

정치리 내 고향

승리봉 장군봉 앞산 뒷산
자리 잡은 두메산골

사람 냄새 정겨운 솥 고개
내 고향 정치鼎峙리

백제 사비성 다다른 곳
나당 연합군 물리친
전설의 땅

옛 조상의 얼이 서려
빛이 나는 고을 정치리

산기슭 터전 잡은 이곳
어머니 품속처럼 포근하니

승리봉 높은 곳 우뚝 선
늘 푸른 소나무처럼 대대손손
이어 풍요롭게 살아가리….

고속버스 터미널

시간 늦으면 어떻게 하나
마음조이며 전철 안에서도
내심은 발을 동동하였다

터미널에 도착하니
화장실이 급하다
시간은 자꾸 흘러가는데

시간이 내 마음에 돌아와
버스 좌석에 앉으니
마음이 평온했다

오가는 사람마다
사연도
표현도 제각각

이별과 아쉬움
계속되는 사람 냄새
물씬 풍기는
서울 고속버스터미널

출발 시간은
짜임새 있게 계속 돌아가며
추억을 쌓아간다.

횡단보도

하얀색 횡단보도
내 앞에 나타났다.

무엇이 먼저일까

사람이 먼저일까
차량이 먼저일까

아니야

배려하는 하얀 마음이
먼저이다

그래서 횡단보도는
하얀 옷을 입는다.

생명의 힘

고통의 아픔을 견디면서
얼마나 힘들었을까
포기할 만도 하였거늘
인내하며 버티고 살다 보니
달콤한 열매 열고
꽃을 피웠다

그렇다
포기하지 않고
살다 보면
꽃피우고 결실 맺는
꿈과 희망을 얻는다.

삶이란

어제를
추억의 밑거름으로

내일을
희망의 새싹으로

오늘을
아낌없이 사랑하며

생명 다하는 날까지
슬기롭게 천천히 가는 길.

인생의 단짝

어릴 적 단짝
친구는 누구일까

아련한 동심으로
살고 싶다

세월의 단짝 친구
내 인생 흐름인데

내 인생의 단짝
알고 보니 익어가는
세월이라

세월이 다 익기 전에
동심으로 돌아가

단짝 내 고향
품에 안겨 개구쟁이
되고 싶다.

물

태초의 신비함
생명이 시작되는
남녀의 성스러운 만남이요

삶과 죽음의
시작과 끝이 되어
뒤돌아 가는 것

물은 인생이며
우주 만물의 근원이다.

땅속으로 스며들며
증발하여 다시 나타나기를
기다리는 소박한 농부의 씨앗.

누구일까

신비한 생명이
시작되는
남녀의 성스러운
만남이여

삶과 죽음이
시작과 끝이 되어
다시 돌아감이여

인생이며
만물의 근원이며
다시 윤회 되어
나타나 생명을
소생시키는 자

그는 누구일까
당신만이
그 답을 아나니.

기암절벽 奇巖絶壁

인생의 힘든
고난의 절벽이
소리 없이
다가왔을 때

높고 험난한
기암절벽 奇巖絶壁 일지라도

마음의 절벽을
먼저 허물고 나면

기암절벽
오를 수 있으리.

꼭두새벽

서쪽으로 넘어간 초승달
눈썹 짙은 여운
아직도 남았는데

꼭두새벽 잠에서 깨어
창문 넘어
밤하늘 바라본다

수많은 별은
무슨 사연이 있는지
저마다 발길을 재촉하며
이야기 나누며 반짝인다.

무슨 일 있느냐며
나를 바라보는 수많은
별들의 시선

나는
꼭두새벽부터
창문을 닫으며
생각에 잠긴다.

달항아리

밝은 둥근달
어디에
떴는지

밤하늘 쳐다
보려 했더니

내 마음
어찌 알고

달항아리 되어
나에게 왔네

사랑 가득
담아달라
달덩이 환한
미소 머금고.

황토 찜질방

인내의 고통
기다림이 한계인가

끈적이는 땀방울은
고통의 보상인가

흘러내리는 땀방울
응어리져 지나온
인생의 세월

잊고 싶은 한 맺힌 사연
시원하게 눈물 되어 흘리고

황토벽 뜨겁게
달구어진 흙냄새
내 몸에 파고들어
한 몸이 되어가니

새로운 몸과 생각이
새롭게 태어난다.

두루마리 화장지

슬플 때나 기쁠 때나
콧물 눈물 다 닦아주고
누구든 어디든 가리지 않고
싫다는 말이 없는 너

보드랍고 새하얀 마음으로
동그랗게 말려서는 언제라도
함께할 각오로 희생되어
쓰레기통에 버려지는구나

사람들의 애환과 삶을 다 지켜보며
함께 살아가니 쓰여도 또 쓰여도
한없이 사랑받는 너

용도와 신분이 달라도 잔소리가 없으니
너를 아끼고 사랑하는 자가 많은가 보다.

인생의 목표

인생의 목표가
나무 한 그루 서 있는
저곳이라면

혼자서
걸어갈까

둘이서 손잡고
걸어갈까

아니면
모두 함께 걸어갈까

아니다
바로 너도
우리도 아닌

나 스스로
결정하기 달려 있다.

아름다운 고뇌의 영혼과 애정 어린 눈의 따스함

최운선/문학박사

I. 들어가는 말

1. 맑고 아름다운 시심

문학은 인간의 사상과 정서를 언어로 표현하여 아름다움을 추구하는 예술이라고 한다. 이러한 관점에서 볼 때, 이주성 시인은 맑고 아름다운 시심詩心의 소유자라고 말할 수 있다.

맑고 아름다운 시심은 진실에 있다. 진실은 맑고 투명하다. 그런데 이주성 시인의 시작 과정은 미적 자의식과 영혼이 투영되어 있다. 그 예로 이주성 시인은 다양한 자연 현상인 사계절(봄, 여름, 가을, 겨울)을 애정 어린 따스한 눈으로 바라본 것이다. 따라서 아름다운 시는 읽히기보다는 감정에 파고드는 호소력이 있어야 한다.

2. 애정 어린 눈의 따스함

아름다운 고뇌의 영혼과 애정 어린 눈의 따스함으로 많은 생명을 새롭게 발견한 이 시인의 시 세계는 인간 생명을 넘어 전 생명에게로 향하고 있다. 뭇 생명들의 참 존재를 발견한 시인은 인간 중심적 사고방식에 젖어 있는 우리들의 눈에 좀처럼 보이지 않는 작고, 여리고, 소외된 것들의 존재를 발견하고 존재하는 모든 생명에 대하여 연민을 품고 있다. 그가 발견한 생명의 이름을 보이는 대로 적어 보면, 샘터, 청보리밭, 찔레, 고목, 목련 등 무수히 많다. 그러나 여기서 열거한 것들은 상징적 존재에 불과한 것이다. 실제로 그가 더욱 커다란 연민인 서정의 세계로 감싸안은 것은 눈 녹인 따스한 온기와 같은 생명의식이 정점에 있었다. 이는 짜릿한 전율을 느껴가며 자신의 영혼 속에 빠져든 시간일 것이다. 그 이유는 자연에 대한 강렬한 의식 속에 살아 있는 자신의 존재를 설정하였기 때문이다. 이러한 순간에 지배당한 이주성 시인의 시적 응시력, 시 창작에 대한 욕구가 강하다는 것은 시집 "그리움은 내 마음속에 꽃으로 핀다"를 읽어 가며 감지할 수 있었다.

II. 주관과 객관의 사이에 존재하는 생명 의식

1. 따뜻한 생명 의식

　세월도 흐르다 보면 늙음을 이기는 화장품이 없고, 죽음을 이기는 약도 없듯이, 이 주성 시인이 나이가 들어가며 굳게 닫힌 마음의 문을 열 수 있는 건 오직 주관과 객관 사이에 존재하는 생명 의식일 것이다. 그 이유는 시인의 마음속에 숨어 있는 생명 의식이 그의 삶의 길道이며, 희망이며, 가장 아름다운 꽃으로 피어났기 때문이다.
　꽃은 피어날 때 향기를 토하고, 피어난 꽃들은 소리 없이 향기를 날려 자신을 알린다. 이주성 시인도 심지心志가 없으면 시 창작이란 촛불을 밝힐 수가 없고, 시 창작에 대한 창작 의지가 없으면 생의 감각을 두드릴 수가 없다. 이주성 시인에게 시 창작이란, 시인의 내부에 깔려 있는 생명 의식의 세계이다.
　이주성 시인의 작품 세계는 깊은 물과 같고, 창작한 작품은 솟구쳐 흐르는 내川와 같다. 시 창작이란 어떤 행동을 그려내는 것이 아니라, 어떤 정신세계를 그려낸다고 할 수 있기에 이주성 시인의 머릿속에는 미리 마련된 백지白紙 위에 이르러서야 그 의미를 깨달을 수가 있었을 것이다. 이와 같이 생명 의식을 표현한 이주성 시인의 작품은 까다로운 작업을 거칠 것도 없이 눈앞에서 즉석으로 그려졌기에 작품을 읽어가는 독자들은 유추와 연상과 어떤 까다로운 지적知的인 작업을 하지 않고도 그의 작품을 쉽게 이해할 수 있을 것이다. 다음 작품을 읽어 보면 쉽게 이해된다.

> 싱그러운 연녹색
> 줄기마다 주렁주렁
> 사랑의 종소리 울려 퍼진다.
>
> 어여쁜 새색시 수줍은 듯
> 꽃주머니 매달고
> 고운 님 따라나서니
>
> 사랑이 점점 익어
> 연녹색 산하가
> 선홍색으로 물이 든다
>
> 고운 님
> 품속에 새 생명
> 한가득 아름답게
> 잉태되었다.
>
> — 〈금낭화〉에서

위의 작품을 읽어 보면 이주성 시인은 그의 정신과 마음의 세계를 다루고 있다는 사실을 부인할 수 없다. 또한 그의 시작詩作과정은 인간의 삶을 다루는 일종의 숙련된 기술을 지니고 있다는 사실도 부인할 수 없다는 것을 인지하게 된다. 이는 시인의 탁월한 언어 능력이다. 주관과 객관의 틈 사이에 존재하고 있는 생명의식을 찾아낸 것이다. 그리고 위 작품에서 보여준 산뜻한 인상은 시인의 시 창작 성공여부와 관계없이 시인의 속뜻만은 충분히 의미 있게 전달되었다는 점에 주목하게 된다.

2. 문학적 자극의 새로운 리듬

음식의 메뉴가 다르듯, 시를 쓸 때 소재도 어떤 것을 넣느냐에 따라 시의 내용도 달라질 수 있다. 시인이 지향하는 시 창작의 소재는 자연을 통해 얻어낸 생명 의식에 대해 고민하고 나름대로 답을 제시했던 문제들이다. 이주성 시인의 작품은 '인간적이라는 의미'에 초점을 맞추어 시상이 전개되고 있다. 인간 사회는 누구나 독특한 상황에 맞게 개별적인 관습이 존재한다. 그러나 '시인답다'는 것은 무엇을 의미하는가? 이는 격에 맞는 시어나 격조 있는 시상 전개가 이루어졌을 때 '시인답다'는 의미가 주어진다.

바람이 부는 이른 아침
장맛비 잠시 숨 고르기 하고

장마 구름 흩어져 뭉게구름 태어나
가족 단위 소풍 가듯 이사를 한다.

엄마 구름 아빠 구름
뒤따르는 애기 구름 들
줄을 지어 이사 가는 구름 가족

어디선가
방해하려 바람 불어 나타나니

아빠 구름 힘을 내어 몸을 키우고
애기 구름 목말 태워 앞서 나가고
엄아 구름 두 팔 벌려 막내 구름 껴안고서
아빠 구름 뒤를 따른다.

장마 구름
힘이 없어 생을 마감하니
뭉게구름 어깨너머 해님 빵긋 웃고 나타나

이사 가는 구름가족 어두울까
환하게 희망과 소원의 빛 밝혀준다

> 구름 가족
> 손에 손잡고 좋은 장소 찾아
> 소풍 가듯 이사를 간다.
> 　　　　- 〈이사 가는 구름 가족〉에서

위 작품에서 보여준 이주성 시인의 시詩적인 독창성은 뛰어난 창작성에 있었다. 그리고 이 시를 읽고 또 읽게 하는 가독성은 소가 계속 되새김질을 하는 것과 같은 이치이다. 독자들도 이 작품을 읽고 또 읽어가며 그 의미를 되새김할 것이다. 그러나 여기에는 시점의 차이와 사물을 보는 각도의 차이가 있다. 편안한 자리에서 보이는 대로 의미 있는 의식을 잡아내려고 한다면 결코 생의 감각을 두드릴 수 없다. 마음을 잘 다스려 한 송이 꽃을 피울 수 있듯이 독자에게 마음 깊은 향기를 남겨주려는 시인이야말로 시인의 자세라고 할 수 있을 것이다.

〈이사 가는 구름 가족〉을 읽다 보면 문학적 자극의 새로운 리듬을 흘러가는 구름에서 발견하였음을 알 수 있다. 이는 흘러가는 구름이 이주성 시인의 현실을 지배한 것이다. 그 이유는 잠들어 있는 이주성 시인을 깨워 살아가는 힘을 주고 있기 때문이다.

살다 보면 성공보다 더 중요한, 성공을 향한 열정

이 실패를 거듭하였을 때, 그리고 모든 의욕을 잃어버렸을 때, 시인에게 시 창작은 더 놀라운 성공을 가져다줄 수 있다. 성공을 이루기 위해서는 가짜 실패를 많이 해야 한다는 말이 있다. 이 말은 실패가 곧 자극이기 때문이다. 시 창작은 이주성 시인에게 훌륭한 자극이었다. 자극은 언제나 이 시인에게 현실을 마주하는 용기가 필요하다는 것도 강조하였다.

그러나 자극은 이 시인에게 희망과 신념을 역설적으로 제시하였다. 성공하려는 시인에게는 항상 성공을 향한 열정의 메시지가 들어 있다. 그러한 성공을 향한 시 창작의 화두는 생각을 넓게, 계획을 구체적으로, 실천을 빠르게, 결과를 완벽하게 해야 훌륭한 시를 생산할 수 있다. 가장 불안하고, 가장 막막할 때, 시 창작의 속도가 빨라지듯 문학적 자극이란 항상 절망 속에서 꽃을 피워낸다는 메시지를 우리에게 전해주고 있다. 문학적 자극의 메시지는 성공을 위한 답이 아니라 조언이다. 절제된 어조로 자신을 대변하고 있는 이주성 시인의 시적인 내면세계는 진실에 있었다.

3. 공감과 감성을 자극한 시의 문법

　이주성 시인은 자신이 겪은 심리적 의미를 다양하게 표출하였다. 이는 세상과 대상을 바라보는 시인의 새로운 시선이었다. 시인에게 문학적 자극이란 생활의 새로운 리듬이 될 수 있다. 시인의 사적 체험을 통해 주제의 일관성이라는 측면에서 가장 큰 장점은 삶과 존재의 의미에 대한 깊은 사색과 명상이다. 아무리 작은 꽃이라도 꽃은 항상 예쁘게 피어난다. 그리고 대지는 씨앗의 몸을 틔우는 희생양이 된다. 이는 시간과 존재의 모습을 일체화시킨 것이다. 또한 우리에게 진정한 삶의 의미가 무엇인가를 묻고 있다. 훌륭한 시 창작이란 인생과 세상에 대한 깊은 사색과 사유를 갖추게 될 때 비로소 이루어진다.

　　바스락바스락
　　낙엽 밟는 소리
　　우두둑우두둑
　　나뭇잎 떨어지는 소리

　　무지개색 단풍잎
　　바람에 날려
　　날아다니다 나를 보라
　　자랑하듯 나풀거린다

오방색 나뭇잎 떨어지니
사랑 가득 담긴
시선들이 모여 든다

모여든 사람들은
감탄사를 연발한다
모두가 시인이 되었다

가을의 소리와 색도
한편의 시가 되었다
　　　　　- 〈가을의 소리와 색〉에서

　이 작품은 시의 수준을 질적으로 높인 작품이다. 시의 어법이 단순하고, 길이가 짧고, 수사가 보이지 않지만, 시의 손길과 생각이 거칠지 않아 안정된 서정시의 감각을 잘 살려 내었다. 특히 개성적인 어법이 서사적 소재와 만나 시어 하나하나가 시의 전체와 부분적 가지에 안정감이 있다. 이 작품은 평범한 주제를 다루고 있지만 일관된 주제적 효과를 거두었기에 시인만의 침착한 시의 문법이 되었다. 이러한 시의 문법은 시인의 영혼이 자유와 희망의 괴리가 없는 현실이 되었을 때 가능하다. 시인은 시 창작 과정에서 인생의 쉼표가 메신저 역할도 하고 있다. 위의 작품에서 〈가을의 소리와 색〉은 여름이 떠나감을 느껴가며 이별이 지나는 길손들의 마음을 그대로 나타내고 있다. 대개 가을은 연인과의 연가戀歌가 아닌 이별을 의미한다. 그런데 가을은 여름이란 껍질을 벗고 나면 다시 멋진 날개로 단장한다. 〈가을의 소리와 색〉은 공감과 감성을 자극하는 운치로 순도 높게 시적으로 형상화한 작품이다. 특히 '가을의 소리와 색도 한 편의 시가 되었다'는 표현은 시를 스토리텔링화시킨 잘 차려진 밥상을 보는 기분이다. 담백한 이야기로 풀어나간 이주성 시인은 공감과 감성을 자극할 수 있는 탁월한 시적 능력을 지니고 있다. 자연은 존재만으로도 소중하고 참 아름답다. 아름다운 영상 같은 시 〈가을의 소리와 색〉은 시적 문장력이 탄탄한 긴장감을 주었으며 안정감도 있다. 그리고 읽는 이로 하여금 미소를 짓게 하여 생기를 잃지 않는 단단한 시가 되었다.

4. 고백하는 자아와 인식하는 자아

이주성 시인에 있어 고백하는 자아와 인식하는 자아, 이 두 개의 자아는 서로 상치된 것으로 보일 수도 있으나 가장 깊숙한 곳에 내려가 있는 인식은

한 곳에서 만나고 있다. 다만 층위가 다를 뿐이다. 그러나 이주성 시인이 고백하는 자아는 현실을 인식하는 자아였다. 그리고 반전의 매력을 인식한 대상은 장미와 찔레였다. 다음 시를 눈여겨보면 그 의미를 쉽게 파악할 수 있다.

> 장미는 장미꽃이고
> 찔레는 찔레꽃인데
>
> 서로가 잘났다고
> 조금 더 예쁘다고
> 서로 뽐낸다
>
> 불어오는 바람결에
> 힘을 실어 흔들어대도
> 똑같이 예쁜 꽃인데
> 한줄기 조상으로
> 태어난 사촌인 것을
> 서로 뽐낸다
>
> 오월의 짙은 햇볕
> 뜨거운 줄 모르고
> 지금도 예쁨을 뽐내
> 서로 자랑만 한다
> 지금은 밤이 되어
> 둘 다 보이지 않는데
>
> — 〈장미와 찔레꽃 사이〉에서

함께 잡아 온 손길이 한 곳에 멈추면 말이 없어도 끝없이 말 없는 대화가 오고 간다. 그러나 〈장미와 찔레꽃 사이〉라는 시에서 고백하는 자아와 인식하는 자아, 이 둘이 바라는 것은 단지 뽐냄뿐이다. 뽐냄은 기호가 될 수 없기에 서로가 마주해서만이 볼 수 있다. 이 둘은 자랑하듯 스스로 꽃을 자신 있게 피워 내었다. 이는 서로 자신들이 얼굴을 마주하고 있다는 인식, 그것은 변함없는 자랑인 것이었다. 자랑은 고통을 원치 않는다. 이주성 시인에게 있어 자랑의 언어는 고백과 인식을 통해 인지되는 시작 과정이다. 그런데 장미와 찔레라는 이름을 꽃피우기에 인식과 고백을 하나로 묶은 것은 밤이 된 어둠이었다. 어둠 속에서는 자랑도 뽐냄도 의미가 없다. 그러나 이 둘에게 자랑이 없는 것은 초조하거나 불안한 일은 결코 아니다. 자랑은 동일성의 표지이며, 그들만의 세계에서 자리 잡히는 기호이기 때문이다. 이미 동일자로서 의미 있는 세계의 질서 속에 하나의 의미로 바라본 이주성 시인은 장미와 찔레의 몸짓을 뽐냄으로 표현한 것이다. 이는 가장 깊숙한 곳에서부터 함께 한 것이다. 시인에게 있어 몸짓은 고백하는 자아와 인식하는 자아의 몸부림이고 뽐냄은 불안정한 내면 풍경을 육감적 언어로 표현한 창작의 고통일 것이다. 또한 스스로 자기반성이 된다.

> 꽁꽁 언 산하
> 동장군 내려와
>
> 온갖 난로 다 동원하여
> 한파 추위 물리치려
> 애를 써 봐도
>
> 마음속에 언 추위
> 물리칠 수 없네
>
> 그러나
> 따스한 말 한마디로
> 보듬어 안아주니
>
> 엄동설한 한파
> 고개 숙여 물러간다.
> ― 〈엄동설한嚴冬雪寒〉에서

이 작품에는 자연의 이치에 따라 기후의 영토를 찾아 길을 떠나는 동장군의 모습이 나타나 있다. 〈엄동설한嚴冬雪寒〉은 오성悟性의 작용과 반작용이 그대로 시 속에 녹아들어 있는데 이는 고백하는 자아와 인식하는 자아의 새로운 이미지의 결을 보인다. 시인은 이미지의 홍수 속에 산다고 해도 과언이 아니다. 이미지는 시 창작에 있어 성공과 실패를 좌우하는 키워드가 된다. 시에서 고백하는 자아와 인식하는 자아의 목적에 맞는 표현된 이미지를 만들어가기란 그리 쉽지는 않다. 이 점에서 이주성 시인은 성공한 시인이라고 볼 수 있다.

Ⅲ. 가슴을 파고든 생명의식

살아가면서 절망적 현실을 벗어날 수 있는 방법 중 하나가 희생과 사랑이다. 이주성 시인의 〈손녀는 꽃〉이라는 작품은 이주성 시인에게 중대한 존재 의의가 있다는 변화적 흐름으로 시인의 가슴을 파고들었다. 이는 시인의 가슴속에 새로운 삶의 자리를 펼친 것이다. 특히 〈손녀는 꽃〉 작품은 실존적 차원의 내용을 미학적으로 바꾼 시인의 육화된 모습이다. 그리고 미적 자의식을 볼 수 있는 현실에 대한 시인의 생명 의식인 것이다. 이렇게 여러 요소의 복합적인 상호작용으로 한 편의 작품을 형상화한다는 것은 시인의 창작 능력이다. 창작 능력이 없다면 작품은 편협해지기 마련이다. 그러나 〈손녀는 꽃〉에서 현실을 담백한 아름다움으로 표현하였다. 시인의 섬세한 감각과 인식의 깊이가 느낌으로 교감이 된 것이다.

너무나 이뻐
맘에 쏙 들어

내 마음
빼앗은 너는

쳐다보기도 아까운
한 송이 아름다운 꽃

눈이 부셔
눈 감고 보아도
이쁜 꽃

너는 내 가슴속에
뿌리박힌

영한한 사랑
꽃으로 피어 있다

— 〈손녀는 꽃〉에서

위의 작품은 실존적 차원의 내용을 미학적으로 바꿔 놓은 형식미가 두드러진 작품이다. 그리고 정형의 틀을 살짝 벗어난 리듬의 미묘한 울림은 신선한 충격으로 다가온다. 이는 고통이나 비극성을 절실히 공감할 때, 자신을 하나로 묶어 낸 실존적 양상의 표현이 된다. 이를 현상학적 환원이라고 할 수 있는데, 현상학적 환원이란 객관적인 세계가 독립적으로 존재한다는 태도를 멈추고, 순수의식 자체를 시의 세계로 이끌어 들이는 방법을 말한다. 〈손녀는 꽃〉이라는 작품에는 시인의 아름다운 시심이 밑바탕에 깔려 있다. 그 시심은 아름다운 감정이다, 이러한 시심을 자세히 들여다보면 혈연관계로 사랑을 주고받음으로써, 서로 간의 생존 확률을 높이는 계기로 자리매김하는 휴매니즘이다. 시인에게는 가슴을 파고드는 생명의식의 시작활동을 의미한다.

Ⅳ. 잠자는 영혼을 일깨워준 물리적 음성

시인은 시를 쓰기 전에 대상에 대한 선입견(Doxa)이 숨어 있다. 선입견을 다시 대칭화 시키면 주관과 객관으로 나누어 생각할 수 있다. 그런데 객관과 거리가 먼 주관의 시 창작이 되면 결과적으로 남는 것은 시에 대한 불신감만 남는다. 따라서 이주성 시인의 시 창작은 주관과 객관이란 틈 사이에서, '행복'이란 시어와 '사랑'이란 실속 있는 시어로 아름다운 시가 되었다. 그러나 '사랑'이란 시어는 보름달에 의탁한 시인의 내면세계를 표출하려는 시적 의지로 자연과의 교감이었다.

> 밝은 둥근달
> 어디에
> 떴는지
>
> 밤하늘 쳐다
> 보려 했더니
>
> 내 마음
> 어찌 알고
>
> 달항아리 되어
> 나에게 왔네
>
> 사랑 가득
> 담아달라
> 달덩이 환한
> 미소 머금고
>   – 〈달항아리〉에서

위의 작품 '달항아리'는 감정이입의 방법으로 시

를 형상화하였다. 〈달항아리〉에서 심층적 시각으로 표현된 것은, 시인의 현재로부터 유입된 내면세계에 달을 품어 시인이 간직한 순결을 심리적 작용 속에 묻어둔 것이다. 그리고 묻어둔 삶의 달을 그대로 투영한 것이다. 시를 쓰면서 자칫 상투성, 추상성, 감상성에 빠지기 쉬운 위험에서 벗어난 것이다. 이는 시를 쓰면서 교감을 넘어 자신의 세계 일부가 자의식의 영혼이 된 것이다. 시인 자신의 언어를 찾은 사색과 통찰의 눈이 된 것이다. 우리의 삶 자체는 매우 다차원적이다. 단순해 보이는 삶도 따지고 보면 복잡한 관계 속에 놓여 있다. 그것을 정교하게 읽어내는 힘이 없으면 잠자는 영혼을 깨워 줄 수 없고 작품도 편협해지기 마련이다. 이주성 시인은 물리적 음성으로 잠자는 영혼을 일깨우고 있었다.

이른 새벽
깊은 산속 산사山寺

노승의 목탁 소리
아침을 눈 뜨게 하고
삼라만상 일깨우며
번뇌 해탈 정진 향해

맑은 울림소리

토해낸다

텅 빈 가슴 채워주듯
목탁 소리 울려 퍼져

메아리로 뒤돌아오고
부처님 전 합장하니

내 몸 안에
부처님 말씀 울려 퍼진다
— 〈산사의 목탁木鐸 소리〉에서

  우리의 생활은 환경과의 부단한 교섭의 과정이다. 〈산사의 목탁木鐸 소리〉에는 모든 정적이 목탁소리로 덮여있다. 이는 목탁 소리라는 물리적 음성으로 심리적 기복을 두드린 것이다. 목탁 소리에 자신의 심정을 투영하여 표현한 것이다. 다분히 낭만적 시인의 일반적 경향이다. 이는 원리적 패턴을 상상력의 패턴으로 바꾼 것이다. 심리적 활동에서 휴지로, 심리적 휴지에서 활동으로 바꾼 물리적 음성의 교감이었다. 목탁 소리에서 참된 의미를 훔치려는 시인은 교감을 통해 바깥세상을 안으로 끌고 들어왔다. 바로 몸으로 밀고 들어가며 시를 써가는 시작 태도를 보여 준 것이다.

V. 마무리

우리 주위엔 항상 밝고 깨끗한 시만 있는 것은 아니다. 시인의 의지로는 막을 수 없는 그늘을 지닌 시도 많이 생산되고 있다. 이제 그러한 시들은 우리 사회 한구석에 소외된 채 외롭게 버려져 있다. 현실은 시인의 가슴과 머리가 시를 쓰기 위해 끝없는 어둠 속에서 긁히고 찢기고 아파하고 있다. 시인은 돌아오는 길이 혼자여서 외로운 것이 아니라 외로워서 혼자인 것이다. 진실한 믿음과 정갈스러운 언어는 시인의 시심이다. 이주성 시인의 시심은 야심 차게 활동하고 있다. 그의 시심은 언뜻 보아서는 알지 못하는 신비로움과 복잡함이 숨겨져 있다. 아주 작은 시심에도 시인의 의지가 담겨 있으며, 시심에는 자연 친화적인 사상, 감정, 의지, 색깔 등이 가득 들어 있다. 그리고 오묘한 균형 속에서 저절로 잘 통제되어 시를 생성하고 있다. 시인이 맑은 시심을 먹고 배설하면 시가 맑아지고, 사회적 공기가 정화되기 때문에 시를 읽는 우리들은 엄청난 혜택을 받게 된다.

그러나 요즘에는 그렇게 아름다운 시심을 찾아보기가 어렵다. 게다가 요즘 사람들은 시인을 하찮게

보는 경향도 있다. 그리고 시를 읽기 싫어하고 시에 대한 독설과 비판으로 시심의 씨를 말리고 있다. 따라서 "시는 죽었다"라고 말하는 사람도 있다. 이러한 사회현실 속에 무슨 인의예지가 있으며, 도리와 규범이 있겠는가? 이는 염치나 수치를 모르는 물질과 인격의 파산자가 가파른 생의 계단을 힘들게 기어오르는 일종의 역설이 된다. 이 사회가 사람다운 사람이 사람답게 살 수 있는 사회를 이루려면 어떤 처방이 있어야 할까? 이는 시를 통해 아름다운 사회 건설을 실현해야 한다. 시인은 시를 통해 가치의 혼돈이 극에 다른 이 사회를 바로 잡아가야 한다. 이주성 시인은 이러한 사명감에서 시작詩作 활동을 해 온 시인으로 평가받을 만하다. 이주성 시인은 직관으로 충일된 아름다움을 갖고 있다. 느낌이 가득한 그의 시집 『그리움은 내 마음속에 꽃으로 핀다』는 자연과의 교감에 완전히 몰입해 있는 시집이다.